第2版
教育方法の理論と実践

小川　哲生
菱山　覚一郎

明星大学出版部

はじめに

　教育という営みは、常に時代や環境からの要請や、各種状況の影響を受けます。近年の社会は、高度に情報化され、人工知能（AI）やあらゆるモノがインターネットにつながる仕組み（IoT）を持っています。このような状況においては、学校教育には新たな視点として、予測不能な社会を生き抜く力を子どもに育成する視点も求められます。

　近年の学校教育は、「生きる力」という言葉に代表されるように、主体的な活動を重視しながら、自ら学び、自ら考える力を育成することに力点が置かれています。それに対応するように、教育課程の編成においても、教科目授業時間数の改編・教育内容の精選が行われ続けてきました。現在、学習指導の面では、主体的・対話的で深い学びが注目を浴びています。この方向は、かつての文化遺産を伝授することにのみに力点が置かれた教育に対する反省という面も強いと言えるでしょう。

　学校教育では、読み・書き・計算などに代表される基礎学力の習得と、個性の尊重の両立が必要であり、それらの対応に現場の教師は迫られています。具体的には、限られた時間の中で、教育効果を考えながら、どのよう方法を用いて教育を展開するべきかという非常に難しい課題が、教師に突きつけられています。このような状況の中、これからの教師に求められるのは、時代状況を把握した上で、指導と支援に関する確かな理論的認識と実践力でしょう。

　この理論的認識と実践力の育成は、教育方法学の領域で学ばれ、深められる必要があります。理論と実践の関係は、表裏一体であり、どちらかが欠落していては十分に機能しません。確かな理論に立脚した実践は、多くの成果を生み出すはずです。その理論の範囲は非常に広く、心

理学・歴史学・社会学のみならず現代を分析する眼までが必要です。一方の実践力の中身も、単なる授業技術だけでなく、子ども理解や教師自身の創意工夫、そして常に教育実践の反省や課題把握の意識などが求められます。この理論と実践の両輪が互いに関連し合ってこそ、学習者の学習を保障できるのではないでしょうか。

　このような視点に立ち、本書の初版は、教育方法の基本的な理論を把握した上で、授業実践力を育成するという方針で編集しました。今回、版を改めるにあたっても、この視点を変化させることなく、基本的な構成はそのまま尊重しています。まず序章において、学ぶことと教えることの意義と課題を確認します。続く第1部「教育方法の理論」では、教育方法の概念と歴史、基本原理などに触れます。その際、現代の社会と教育の動向の関係をも視野に入れるように試みました。第2部「教育方法の実践」では、具体的に授業を展開する方法や技術の育成に力点を置き、授業の創造または改善に役立つ内容としています。

　本書が、教職を志す人々の参考書として、また教育現場に立つ先生の手がかりとして、いくらかでも役立つならば幸いです。なお、本書の出版にあたり、多大なるご尽力を下さった方々に心より感謝申し上げます。

　　　　　　　　　　　　　　　　　　　　　　令和元年　12月
　　　　　　　　　　　　　　　　　　　　　　　小　川　哲　生
　　　　　　　　　　　　　　　　　　　　　　　菱　山　覚一郎

目　次

はじめに …………………………………………… i

序　章　教育方法学を学ぶにあたって ……………… 1

第1部　教育方法の理論　11

第1章　教育の方法と技術 ……………………… 12
  1　現代社会と教育方法　12
  2　教育の目的と教育方法の関連　13
  3　教育方法に関する概念　16

第2章　教育方法の歴史 ………………………… 23
  1　教育方法の出発点　23
  2　教育方法の史的展開　24
  3　日本の教育方法のあゆみ　33

第3章　教育方法の基本原理 …………………… 46
  1　教育方法の特色　46
  2　教育方法の類型　47
  3　教育方法と教育課程　54

第4章　日本の教育課題と教育方法 …………… 58
　　1　「生きる力」　58
　　2　基礎・基本と個性　61
　　3　総合的な学習の時間　65

第5章　情報化時代への対応 ………………… 68
　　1　情報化の影響　68
　　2　情報化対応への流れ　70
　　3　情報教育と情報活用能力　73
　　4　情報教育の課題と対応　75

第2部　教育方法の実践　79

第1章　授業とは何か ………………………… 80
　　1　授業の概念　80
　　2　授業の要素　81
　　3　授業の形態　83

第2章　教材研究と学習指導案 ……………… 91
　　1　授業の設計　91
　　2　教材と教材研究　93
　　3　学習指導案と授業　98

第3章　教育実践に学ぶ …………………………………… 108
　　1　教育実践に学ぶ意義　108
　　2　生活綴方　109
　　3　水道方式　111
　　4　仮説実験授業　114
　　5　教育技術の法則化運動　116
　　6　基礎学力向上の試み　118

第4章　情報メディアの活用と授業 ………………… 123
　　1　ICT活用による授業の変化　123
　　2　学習指導の改善　125
　　3　パソコンの活用と教材開発　127
　　4　ICT活用の短所と留意点　129
　　5　情報モラルの教育　130

第5章　学力と評価 ……………………………………… 134
　　1　学力とは何か　134
　　2　学力観の流れ　137
　　3　評価とは何か　140
　　4　評価の方法　142
　　5　授業の評価　144
　　6　指導と評価の一体化　146

資料
　　教育実践・基本文献年表（世界編）　149
　　教育実践・基本文献年表（日本編）　151

序　章

教育方法学を学ぶにあたって

　教育方法学という学問分野は、教育哲学、教育思想、教育史、教育心理学、教育社会学等と並び、教育学を構成する主要な分野の一つです。教育方法学は、18世紀末に教育学の成立と共に起こってきた学問です。ここでは、教育方法学を学ぶに際し、その成立してきた背景と基本的理念、教育方法学の成立、教育方法学が成立して以降の発展の方向について簡単に述べていきます。

(1)　教育方法学成立の背景とその基本的理念

　人は他の動物に比べ、生まれてきた時点においてはその所持している能力は著しく低いのですが、「可能力」はとてつもなく大きいという特徴を持っています。それゆえ、後天的に発達していく諸能力を引き伸ばすことが、人にとって大変重要なことになります。人は、ある時、ある場所に、ある家族の中に生まれ、その家族を取り巻いている「文化的環境」の中で生きていきます。このことは、新参者を取り巻いている自然や文化的環境に適応しようとすると同時に適応させられ、その生活を送ることを意味しています。特に言葉、慣習、規制、掟等への適応は、「しつけ」や「訓練」を伴いますので、幅広い意味における「教育的活動」がそこにはあります。また、種としての人およびその集団は、生存のために絶えざる成長をしていかなければならない運命にあります。現状に適応するだけでは停滞を意味し、生存の基本的条件を失うことにな

ります。私達は、このような人とその生存上の特質を経験的に知っていたからこそ、人とその集団の生存にとって、教育活動のあるべき方法について、たとえば、「どのようにしたらうまく教えることができるか」等について有史以来「思い」をめぐらせてきたのではないかと思います。

　私達の祖先は、その進化の中で、書き言葉という最大の遺産を作り上げてきました。書き言葉、つまり遺された文献を今日たどっていくと、教育は人の育みにとって最も重要な事柄の一つですので、教育について書かれたものが少なくありません。

　そこに書かれた意味内容は、今日的視点から探っていけば、明らかにある種の「教育論」となっていますが、それらを「教育学」と私達は呼びません。教育学として成立するためには、教育的事象を客観的に捉え、それを一般化し、系統化し、明確な論理的構成をもって整理し、さらに、それが出版されなければなりません。このような条件をある程度備えた教育に関する出版物は、徐々にですが、17世紀から18世紀にかけて、主に西欧社会の中から現れてきます。その契機となったのは、西欧ルネサンス以降に起こったいわゆる「新たな人間観」の創造であり、その背景を作り上げてきたニュートン、ガリレオ、デカルト、ロック等の新たな科学や思想の出現です。これらの科学や思想と、それによって作られてきた「人間観」は、必然的に教育のあり方に大きな影響を与えていきます。ここでは、代表的な例として、ロックとルソーの二人の思想を取り上げ、彼等の思想が教育方法学の成立を促す上で与えた影響について触れていきます。

　英国で生まれ英国の市民革命・名誉革命の時代に活躍した思想家であったロックは、それまでの「認識論」を大きく変えました。私達を取り巻く外の世界をどのようにして知り、それが正しい知識となるかにつ

いて「科学的」に探究しようとしたのがロックでした。彼が注目したのは、外の世界を知るための道具としての五覚（見る・聞く・触る・嗅ぐ・味わう）の役割であり、それらを通して得られる情報を整理する知性の機能でした。ロックの思想の特色は、五覚に注視し、その活用の効果を考えたことです。五覚の活用、つまり、人が記号や概念を通して対象となる事物を認識し概念を把握するのではなく、直接に事物に触れて（直観し）、つまり、直接的に経験することによって認識活動が行われ、そこから理念あるいは概念が導き出されるとするこの理論は、言語に基づく概念を基本とし、そこから確かな知識が得られるというそれまでの認識論を大きく変えていったのです。ロックの認識論は、彼は心理学と言っていますが、後世になって、児童が学習する際に、最初に児童の五覚（直接経験）を十分活用し、それをもとにして学ぶべき対象についての概念の把握をしていこうとする、あるべき学習の仕方（教育活動の方法）について大きなヒントを与えてくれました。

　スイスで生まれフランスで思想家として活躍したルソーは、既存の社会制度の矛盾に鋭い批判の目を向け、矛盾の原因とその解決策として、教育のあり方に大きな提言を残してくれた思想家でした。ルソーの思想の中でも特に教育思想史上大きな影響を与えたのは、彼の中心的人間観であった「性善説」です。
　人はこの世に生まれついた時には「善」であったが、それが「悪」となるのは、人を取り巻く環境、特に社会制度が主にその原因であるとするこの理論は、必然的に、児童の生まれ持っている善を伸ばしていくための自然的発達を尊重しなければならないという教育理論を生み出します。この理論は、児童を取り巻いている成人は既存社会が与えた「悪」の影響をすでに受けているので、可能な限りその影響力を行使しないよ

うにする「消極的教育論」を導き出し、その結果として、児童の能動的・自発的活動を重視する教育方法論を生み出しました。ルソーが提唱した「消極的教育論」は、それによって成長した成人が、社会の中心的存在となった時に社会的矛盾を解決する存在となるという、あるべき人間観や教育観を創り上げ、それに到るまでのあるべき教育方法を示したので、教育に関心を持つ多くの思想家に大きな影響を与えることになりました。

　児童の直接的経験を活用し、自発的活動を尊重するというロックやルソーのこのような教育的思想は、後に教育方法学を生み出す背景を作っていきました。その後、彼等の教育思想に啓発された思想家達が、次々と現れ、教育学や教育方法学を創り上げてきます。

(2)　**教育方法学の成立**
　学問としての教育方法学を成立させる上で大きく貢献した、教育思想家であったペスタロッチの教育方法についての理念、及び、教育方法について学問的体系化をはかった教育学者のヘルバルトの二人をここで取り挙げ、各々の思想について以下簡単に述べていきます。

　18世紀末から19世紀の初めにかけて、教育学史上画期的な著作が次々と出版されていきますが、その内でも、スイスの教育実践家で思想家でもあったペスタロッチは、児童の自発的・能動的活動を中心とする教育の方法を理論化し、教育方法学を成立させる上で大きく貢献しました。それによると、児童は生き生きとした自発的活動を通して学習の対象について生彩のある感覚的印象を獲得し、その印象が明瞭となって後、学習対象の名称が教師によって教えられ、その形や性質について理解が進み、最終的にその対象の概念が把握されていくという、学習過程の一般

的原理性の存在を主張し、その理論化をはかりました。ペスタロッチの、この学習の過程についての一般的原理性は、当時一般的であった言語習得を主たる教育目標とし、そのため暗記・反復が主流だった教育方法を変換させる上で、その後大きな影響力を与えていきます。ペスタロッチは「生活が陶冶する」という言葉をのこしましたが、これは、文化遺産として残された文献（教科書類）を教師が一方的に児童に教え込むかわりに、児童の日常経験を通して、つまり、生活体験を通して教育が行われるべきであるという意味が込められています。

　児童の学習過程についての一般原理性を理論化したペスタロッチとは別に、教育の目的と方法について、より学問的体系化をはかったのが、ケーニヒスベルク大学におけるカントの哲学講座の後任者となったドイツのヘルバルトでした。ヘルバルトは、教育の目的を普遍的な人格の形成にあると捉え、その形成に必要不可欠な要素は、児童自身の興味をいかに引き起こすかということでした。児童自身の、生き生きとした感覚を伴う対象についての興味に焦点を当て、そこから対象についての概念の把握と概念を操作していく思考の方法への段階的過程の存在について探究しました。ヘルバルトは、この学習に関する段階的過程について、学習過程には確たる法則があり、この法則に従って児童が学習を進めれば間違いのない学習が行われ、その方向性が間違っていなければ普遍的な人格が備えられるということに研究の焦点を当てました。ヘルバルトの学習の段階説として、今日でも教育方法学上影響を与えている「明瞭・連合・系統・方法」という体系的教授法は、後に、多くの教育学者によってその形式の多様化ないし深化がはかられ、それらが実際に学校で活用されたので、ヘルバルトは、教育学ないし教育方法学の生みの親と称されるようになりました。

　以上見てきたように、教育の方法について、児童の自発的・能動的活

動を尊重し、彼らの五覚に基づく直接的経験（直観）を基礎とする概念の把握や思考方法の形成が行われるべきであるというこの思想に基づき、学ぼうとする誰もが反復可能な一定の仕方で学べば、必ず一定の学習目標に到達できると考える規則的な整然とした進行について研究していくことが、教育方法学という学問を作ってきました。以降に興る教育方法についての学問的研究は、基本的にこの主張に基づいて発展していきます。

(3) 教育方法学の発展

　ロックやルソーが生きていた時代では、高度な文献の解読や科学的知識の獲得はもとより、読み・書き・算の基礎教育さえ、特定の支配階級や富裕層に限られていました。シェークスピアの「私は、ラテン語でさえほんのわずかしかできず、ギリシャ語ときたらほとんどできません」という自らを卑下した有名な言葉がありますが、見方を変えれば、彼は英語の読み書きは十分できたのであり、当時の英国人で英語の読み・書きが十分できた人は、全人口の数パーセント程度ではないかともいわれています。当時の識字率はこの程度であったと思われますが、これを大きく変えていく社会がその後出現してきます。その最大の要因は、資本主義の勃興であり、産業革命の出現であり、国民国家の出現です。これらの出現は、教育を国家や地方組織の手により制度的に作っていこうとする運動を起こしていきます。その結果、それまではごく一部の特権的階級の子弟にしか与えられなかった、より高度に組織化された教育、つまり、学校教育が広く一般大衆にまで拡大されていきます。学校教育の普及と拡大は、主に家庭や地域で非組織的に行われていたそれまでの教育を大きく変えていきました。多くの児童に教育の機会を提供するという意味では、学校教育の拡大は画期的なことでしたが、そこでの教育方

法は大きな制約を受けざるを得ませんでした。どこの国でも、圧倒的に多い児童数に比べて、学校数・教室数・教員数・教材数等は、要求されている教育的条件にとても対応できなかったのです。

　それは、日本においても同様で、近代的な学校制度が導入された明治期以降の数十年間と、最近では第二次大戦後のおよそ20年間が、このような状況にありました。こうした状況下においては、教育方法はどうしても教師が一方的に教え込む一斉型授業による画一的教育となりがちです。ペスタロッチがあれほど嫌悪した「子供を窒息させる教育」である教科書中心の暗記・反復による授業が横行していました。教育方法学の研究の対象は、このような背景から、学校、特にクラスにおける授業のあり方に向けられ発展していきます。その方向性は、言うまでもなく、学校の授業において、可能な限り児童一人一人の興味や関心に配慮した教育方法についてです。

　米国の代表的な教育学者であったデューイは、授業のあり方について、それを物の売買に例えています。つまり、物の売り手と買い手があって初めて商売が成立するように、教える側と教わる側のやり取りがあって教育は成立するのであり、教える側による一方的教育は授業として成立しないということでした。デューイは、教えることと学ぶことの相互交流がどのようにして起こり得るのかということについて、児童の活動性、興味や関心、表現への意欲、未知なるものへの探究の意欲、協同作業の喜び等に焦点を当て、独自の学習論を展開していきました。彼の学習理論は「問題解決学習」「経験主義学習」「進歩主義教育論」等と呼ばれ、児童の体験的活動を重視する教育方法は、今日でも生活科や総合的な学習の時間等を教える上で大きな影響力を与えています。

教育を行う際の重要条件の一つである学級編制のあり方について多くの改革案や実践例が出されています。それらに共通しているのは、児童の能力や興味等の個人差に対応する学級編制を工夫すべきという理論や実践です。代表的なのは、20世紀の初・中期に米国で提唱されたパーカストのドルトン・プランやウォシュバーンのウィネトカ・プランです。これらは、児童一人一人の学習に対する興味・意欲や学習の速度等に応じ、教育課程や学習時間を設定していく「自由教育」的教育方法を作っていきました。

　学級編制の改革案とは別に、個別学習を推進させようとする各種の理論が出現します。代表的なものは、スキナーによって提唱され実用化されていったティーチング・マシンです。学習のメカニズムについて心理学的分析を行い、それに基づいて、児童一人一人の学習能力に応じた教育メディアの利用を主張するのがこの理論です。個別学習を重視する上で有効なメディアとして20世紀、1960年代以降世界的に注目されるようになりました。

　同様な目的を持って理論化とそれに基づく実践化が行われたのは、ティーム・ティーチングについての研究です。

　小学校における教育は、一人のクラス担任教師が全教科を教えるのが一般的ですが、教師の得意とする教科をクラス担当教師と連携しながら、クラスと離れた学習小集団を作り、可能な限り児童一人一人に対し個別的教育を行うとする方法です。ティーム・ティーチングは、近年、日本各地の小学校で広範囲に行われるようになりました。

　19世紀末以降、飛躍的に発展した学問の一つに心理学があります。ドイツのヴントによって樹立された実験心理学は、以降、急速に心理学を

発展させ、その内で、児童の発達の仕組みに関する発達心理学、教育心理学、学習心理学等が起こってきます。ソーンダイク、ワロン、ピアジェ、ブルーナー等の心理学者による成果は、児童の発達に即した教育方法のあり方に科学的な光を当てることになりました。一例を挙げれば、発見学習と呼ばれる教育方法は、認知心理学の発展の成果の一つです。

　脳のメカニズムに関する研究が急速に進歩している現在、大脳生理学等の研究の成果が、今後、教育方法学研究をさらに発展させていくと思われます。

　20世紀中期以降、それまでの教育方法を大きく変えていく教育のメディアが現れます。それまで伝統的に使われてきた、教育内容を学習者に伝えていく上で中心的役割を果たしてきた学習媒体である教科書とは別に、テクノロジーの発展がラジオ、映写機、ＯＨＰ、テレビ、ビデオ、コンピュータを利用したティーチング・マシン、ＣＡＩ等の新たな教育メディアを作り上げてきました。現在では、これらの教育メディアなしの授業は成立しないと言っても過言でないと思われます。これらの教育メディアを活用した授業のあり方についての研究は、従来の教育方法学を大きく変えてきました。

　ちなみに、本書の読者は、教員免許状を取得し教師になろうとする人が多いと思いますが、これは、教員免許状取得要件を定めた教育職員免許法の改正と大きく関係しています。教育メディアの飛躍的発展は、1990年代に入り、教育メディアを有効に活用できる教員養成を行うべきとの政府の方針を策定させました。これにより、教員免許法が改正され、教師になるためには教育メディアの活用についての科目を学ぶことが必修となったのです。いずれにせよ、今後全ての教師は、教育メディ

アを使いこなした授業を展開しなければなりません。それゆえ、教育方法学は、教育メディアの活用も研究対象とする学問へ大きく発展していくと思います。

　以上、教育方法学の成立背景から今日の教育方法学の動向まで概観してきました。次章以降、その内容の各々について学んでいくことを期待します。

第1部　教育方法の理論

　教育の目的を達成するために利用されるあらゆる手段や技術が、教育方法学の対象となる。言い換えれば、教育方法学は、単に学習指導の技術の領域にとどまらず、教育という営みのすべての過程に関与しているのである。つまり教育方法を学ぶことは、教育に対する広い視野と認識の育成に他ならないのである。

　学習を始めるに際して、まずその基礎となる理論的背景に対して、認識を持つことが大切となる。教育方法を取りまく概念、教育の目的及び内容との関係の把握、歴史的な側面からの理解などが必要である。教育方法の本質に対する理論的な理解が欠如していては、実践での応用は不可能である。

　もちろん、現代社会特有の課題などに対する認識も必要となる。なぜなら、教育は常に社会の影響を受け、教育の目的や方向が変化すれば、必然的に教育方法も変化するからである。具体的には近年の主体的・対話的で深い学びという考え方や、道徳科の創設、高度に情報化された社会状況などが、教育方法に変化をもたらしている。これら急速な変化に対する理解や状況把握、そして実践の場において対応する力が、これからの教師には求められる。

　第1部では、教育方法の理論的な部分に焦点をあて、教育方法に関する広い視野と基礎的認識の育成をめざす。

第1部　教育方法の理論

第1章　教育の方法と技術

1　現代社会と教育方法

　現代社会は、かつて人間が経験したことのないような速度で変化をしている。例えば、情報化の側面では、通信技術の発達により、大量の情報を瞬時にやりとりする方法が確立され、誰もが自由に利用できるようになってきている。だが、その大量の情報を活用するには、情報に対する認識や情報機器の操作術が求められる。

　複雑化する社会に対応するために、私たちは、絶えず社会を知る必要に迫られ、常に学び続けている。その学びの方法は、社会生活を送る上で、自らが体得し実践していると考えられる。このように大人は、自身の経験や試行錯誤を通して、学び方を学び、社会生活の向上を指向している。

　つまり私たちは、充実した社会生活を送るという目的のもとに、無意識のうちに学び方を学ぶ実践を試みているのである。それは教育方法の学習に他ならない。教育方法は、学校教育という場での概念と思われがちだが、実際のところ、日常生活でも常に接触しているのである。また近年では、リカレント教育という観点からも、学ぶ機会が増えている事実も見逃せない。計画された課程を学ぶ場合でも、必ず学び方としての教育方法が関与しているのである。

　このように考えていくと、教育方法は私たちの日常生活と切り離せない分野であることが理解できる。その時々に適合した教育方法を駆使し、学び続けることは、現代社会への積極的な対応に他ならないと言え

る。その意味で、教育方法の考察は、私たちの日常生活の見直しや向上にも結びつくだろう。

2　教育の目的と教育方法の関連

　物事を実行する際には、必ず目的があり、その目的を達成するために私たちは、様々な方法を用いる。目的の達成には必ず方法を考える必要があると言える。ここに、目的と方法の関係がある。

　教育という営みにおいても同様であり、教育者は自身がめざす教育の目的のために、様々な方法を駆使する。例えば、学習者に知識をより多く伝授しようとする場合と、学習者の個性をより伸ばそうとする場合では、教育方法が異なる。教育者は、その場に応じた適切な教育方法を選択して実践することにより、教育の目的を達成しようと試みるのである。それは、学校教育の範囲でも家庭教育の範囲でも同じであり、目的が存在する以上、必ず方法が伴うのである。

　教育には、社会生活で自身が目的を設定し、自身で方法を考えるのと違う要素がある。言うまでもなく教育には、教育する者と教育される者との関係が存在する。教育する者の考える教育の目的と、教育される者のそれが必ずしも一致しないところに教育の難しさがある。学校教育の場合、教師の目的と学習者の目的が一致しないばかりか、動機付けの方向自体が異なっていることが多い。たとえば教師が、自身の持つ教育の目的を達成できるような教育方法を用いて授業を展開しても、学習者が授業に興味を示さないことも少なくない。このような場面では、めざしている方向が、全く異なっているのであり、教育方法に関するいっそうの工夫と技術の向上が求められることになる。

　もちろん、すべての授業場面において、前述のような傾向がみられるわけではない。学習者が興味を持つ教科目などの場合は、教師との間に

教育の目的の一致を見ることができ、効果的な学習を展開することが可能となる。しかしすべての教科目に、すべての学習者が興味を持つとは考えられず、そのため常に、教育方法の検討が求められるのである。

　一方、教育する者と教育される者の目的が一致する場合もある。予備校の授業などが、その代表的な事例である。予備校では、教育する側の教師と教育される側の予備校生の間で目的が一致し、その目的に向けて、双方が努力を続ける。そのため、教師が教育方法に関して特別の工夫を施さなくても、効果が得られやすい。それは、予備校生の側に十分な動機付けがなされており、目的の達成の意欲も持ち合わせているからである。

　興味を持つ教科目の存在や予備校の事例に見られるように、学習者は自身の意識や動機付けが高ければ、教育の目的に向かって努力を継続する。学習者の好奇心や明確な動機付けは、学習効果を高め、自ら学ぼうとする意欲を生む。次から次にと学ぼうとする課題の存在や、学習の興味の拡大などは、学習者自身で教育方法を改善し、自ら工夫し、課題解決を追い求める姿勢を形成するのである。この姿勢は、学校教育の場のみならず、家庭教育や社会生活の場でも必要と言える。

　次に教育する者と教育される者の双方の目的を意識しながら、教育方法の具体的な事例に触れる。例えば、自転車の練習を考えてみる。教育する側の親には、「子どもが自転車に乗れるようにしたい」という目的があり、子どもの側にも「自転車に乗りたい」という目的があるとする。この場合、目的は一致している。まず親は子どもに体格に合った自転車を与えるだろう。そして、その自転車に補助輪をつけたり、サドル部分などを持ち補助したりして、バランス感覚を養い、子どもが一人で乗れるようにするだろう。ここまで、親は目的に沿った様々な方法を工夫する。その後、一人で自転車に乗れるようになった子どもは、狭い所

をすり抜けてみよう、片手で運転してみよう、速度を出してみようなどと次から次へと自ら課題を見つけ、方法を工夫していく。この時、子どもは学習の方法も獲得しているのである。その際に子どもは、親の手を離れ、自ら目的を意識し、乗りこなすための技術の習得に夢中になる。

　この自転車の事例を、学校での子どもの学習に置き換えてみるといくつかの示唆を得ることができる。まず教育する側と教育される側に一致する目的の重要性があげられる。目的が一致すれば、動機付けが明確となり、取り組む行為を継続的に展開できるということが理解できる。また教育する側が、方向付けを示し、導入段階で適切な教育方法を提供すれば、学習者は工夫を連続させるということも把握できる。押しつけられた方法による学習よりも、自ら工夫した方法による学習のほうが明らかに効果的である。興味及び関心のある事柄が継続的に学習できるのは、学び方としての方法自体も、自分及び題材に適したものを選択しているからである。

　このように教育方法を目的との関係で広い視野から考察してみると、それは、学校内の各教科目の授業にとどまらない広い範囲に及ぶということが理解できる。もちろん、教育方法の枠を、狭義に教授及び学習指導の領域として、教育上の教師の指導や助言に限定する場合もあるが、一般的には、より広義に考えられている。学校教育の場では、授業時の教授及び学習指導を中心としながらも、教育課程・道徳・特別活動などの要素や領域が含まれるだろう。もちろん教育方法は、何を、いつ、何のために、どのように教えるか、そのためにはどのような教材を活用するのか、というような具体的な課題と直結している。そのため、常に学習者の発達や興味などに対する配慮も求められることになる。また同時に子どもを取りまく環境にも視野を向ける必要がある。

　子どもの学習は、得られた知識を道具として次の段階へと進展してい

く。そして、道具としての知識が、自己表現やその手段などに活用され、知恵となり、人間的な成長を続けるのである。その過程に教育方法は関与し続けるため、まさに子どもの人格形成を助けるものであり、教育の実態そのものでもあると言えよう。

3 教育方法に関する概念

　教育方法は、教育の過程全般に関係し、学習者の人格形成を助けるような役割を有する用語と言える。しかし、その用語の使われ方は、一義的に明確ではなく、教師が学習者を直接的に形成する訓練の類や、学習を支援するような教育にまで及んでいる。また、教育の目的に照らし合わせて、道徳や生活指導及び学級経営などにおける人格形成作用も包含したものという意識もある。そのため、範囲や規定において、曖昧さの残る概念であると言える。

　教育方法が中心的に関係するのは、言うまでもなく教育現場における授業場面であるが、その際にも教育方法を表現する基礎概念がいくつかある。なかでも、教授法・学習指導・教授＝学習過程・教育技術という基礎概念は、教育方法の領域とは切り離せないだろう。これらの概念は教育方法の一部を担うものであり、それぞれの意味が酷似しているように感じられる。しかし、歴史的な背景も加味すれば、それぞれが固有の意味合いを有していることが理解できる。以下に、各概念について簡単な整理を試みる。

(1) 教授法

　各教科の知識及び技術を、学習者に教え授けるのが教授であり、教授内容の構成や指導方法を探究・実践するのが教授法（教授学）である。この概念のニュアンスとしては、教師や教育内容に重点が置かれ、教師

の指導法や教え方を意味すると解釈されていると言える。

　この教授法という概念は、我が国においては、明治期より使用され続けてきた言葉である。明治期の学校教育は、知識の伝達及び知識の受容という活動が基本であり、知識の伝達と授受を効果的にする技術が教授法に他ならなかった。歴史の学習が歴史教授と呼ばれたように、一定の知識を伝授することに力点が置かれ、歴史的なもの見方や考え方を育成することは少なかった。まさに教師から学習者への一斉の説明や指示によって、学習が進行していく授業法が、当時の教授法の実践に他ならなかった。

　このような歴史的背景も関係して、現在でも教授法という概念は、教師の指導活動の方法を指す場合が多い。子どもの活動や考え方などに配慮した広い意味での教育活動を意味する場合にはなじまない傾向がある。そのため、子どもの活動を重視した教育を志向する教育関係者は、教育実践場面での同概念の使用をあまり好まない。

　また一方、教授法には、授業の過程における法則や原則を明確にして、教授の営みを体系化し、それを実践や教師教育に応用しようとする意味もある。この際にも、教育の中心は教師や教材、そして指導の技術などにおかれる傾向がある。

(2)　学習指導

　知識の伝授や教育内容に力点がおかれる教授法に対して、学習指導という概念は、子どもの学習者としての主体的及び能動的活動を強調したものである。この概念では、学習者が得られた知識を能力や知恵にまで転化させ、知識を効果的に活用することも視野に入れている。

　学習指導という言葉が使用されるようになったのは、大正期の新教育運動あたりからであるが、強く意識されるようになったのは、戦後の新

教育の時期以後と言える。戦後まもなくは占領下にあり、アメリカ流の教育が一世を風靡した。教育の方法に関しても、従前の知識の伝授による教授法は、当然改められなければならなかった。学習は、学習者が参加・実行した経験によって成立するという立場に立つアメリカ流の経験主義教育では、知識重視の教育は否定された。学習者には、自身の興味及び関心事を中心に学習を展開することが求められ、教師には、子どもの学習を指導及び支援することが求められた。このように子どもの活動や経験を重視した指導過程は、前述の教授法という言葉では表現できず、学習指導と呼ばれた。

　戦後の学習指導においては、学習者の生活や興味を重視し、教育の重点が、教師や教育内容から学習者に移ることが強調された。それゆえ、系統的知識や基礎的計算能力などの低下を招くこととなり、多方面から批判を浴びることになる。確かに学習指導という概念には、学習者自身や興味を中心とする教育という印象や傾向が存在した。そのため、教師の指導性が弱く、文化遺産の伝授がおろそかになるという点や、場合によっては学問の成果に頼らないという点から、教師が学習者の関心を恣意的に誘導してしまう恐れも指摘された。

　近年では、知識の大切さが再認識され、学習指導という概念においても、知識の習得と理解の関係、知識と技能の関係、そして技能の習得が知識をさらに豊富にすることなどが意識されている。そのため、私たちが学習指導と耳にすると、学習者の立場から、知識・理解・技能の同時育成をめざした教育という認識を持つことが一般的である。

　また、学習指導には学校の授業場面における教育活動という意味もある。具体的には、各教科の内容や構成を検討し、単元案や学習指導案を作成し、授業実践後の反省や評価までの流れを指している。これらは教師の活動であるが、学習者の知識・理解・技能の育成をめざしている意

味で、教師の指導活動よりも学習者の能動的な学習活動に焦点が当てられており、まさに学習指導の域にあると言えよう。

(3) 教授＝学習過程（教授・学習過程）

　教育は、教育する側の教授活動と教育される側の学習活動によって成立する。教授＝学習過程とは、授業における教師と学習者の双方の活動を統一された過程としてとらえる用語である。教育の重心を双方に置くと同時に、教師と学習者の相互関係作用を意識した用語と言える。

　教授＝学習過程が意識されるようになったのは、戦前の教師主導の知識教育と、戦後のアメリカ流の経験主義教育との対立や論争が契機となっている。言い換えれば、教授法と学習指導の折衷的な方向が基礎にある。それまでも教授法による授業研究と、学習指導による授業研究がそれぞれ行われてきたが、昭和30年代以降、教授活動と学習活動の具体的な相互作用の過程を探究し、実践への応用を試みるようになった。

　この教授＝学習過程の探究は、理論的な側面と実践的な側面の双方から進められている。理論面では、教授と学習の対立する関係を、教材を媒介とした認識活動ととらえ、対立があるゆえ、両者の間に相互作用が生まれるとする立場などがある。実践面では、具体的な授業モデルを求めようとする授業研究や、機器を利用して授業の進行過程や教師と学習者の相互作用を記録および検証しようとする試行が多く行われている。近年では、情報通信機器を活用した授業などが視野に入れられている。

　学校における授業は、教師の側から見れば、主体的な教授活動であり、学習者の側から見れば、能動的な学習活動でなければならない。この原則を振りかえるとき、この教授＝学習活動という概念は、極めて多くの示唆を含むと考えられる。

第1部　教育方法の理論

(4)　教育技術

　学校における教育活動は、教育する側の教師が、教育の目標を達成するために、教育される側の学習者に働きかけを行う。この際に活用する手段や方法、場合によっては教具などを含めた総称が教育技術である。実際には体系化され、教師の指導に無理がなく、無駄がなく、そして効果的に実現されることをめざして活用される手段という意味を強く有している。現在のところ、授業展開上の技術だけでなく、情報通信機器を導入した指導の手段なども含めて教育技術と呼んでいる。しかし、十分な効果を得られなかった指導手段や、体系化されていない手だてなどは、含まないと考えたほうがよいだろう。

　教育技術が中心的に関係するのは、学校教育の領域における授業場面と言える。もちろん、広義に解釈すれば、教育という営みに関するすべての手段や方法が教育技術であるが、一般的には、より狭義に各教科の指導技術や工夫を指す。具体的には、授業の立案・計画から、授業時の発問・指示・説明・板書、そして評価に至る一連の流れである。教育技術とほぼ同義で使われている授業技術や授業スキルという語も同様である。

　教育技術は、学習者の発達段階だけでなく教育の目的や内容などともに密接に関係する。教師の側の指導技術も、学習者の教育の目的や教材に対する意欲などを喚起して、はじめて効果がある。蓄積された技術を誰もが、機械的及び形式的に教育の場に適用できるわけではない。それぞれの場に応じた教師の見通しやカン、そして経験なども求められる。

　戦後の民間教育運動の中には、教育技術の蓄積を豊富に行った団体もある。それらの団体では、教材づくりや授業展開の技術の中で、一般化でき、かつ伝えることの可能な技術の法則性を明確にし、教育実践を深め広げようと試みた。かつては、昭和30年代の水道方式による計算指導

体系の提唱や、仮説実験授業による指導などのように教材の構造や体系に着目して学習の方式を確立させようとしたものが主流であった。その後、教育技術の法則化運動のように、教育技術や方法の集大成と標準化をめざしたサークルや、百ます計算に代表されるような基礎学力の向上をめざした動向もあり、若い教師を中心に支持されてきた。

　教師にとって、教育の目的を達成するため、授業展開の技術や学習者への指導技術の習得は欠くことができない。しかし、この教育技術をめぐる分野は、現在まで重要視されてきたとは言い難い面がある。その理由として、教育技術という語が、教師の小手先の手段や学習者を制御する技法などをイメージさせてきたため、理論研究と教育実践の連携不足のため、一部教師集団の自己満足的な実践ととらえられていたため、などの要素が考えられる。おそらく完成された教育技術は存在せず、常に改良や修正が必要となるはずである。今後も多くの教育技術が生まれ、紹介されていくことになるであろう。その数ある教育技術の中から、学習者に最も適切なものを選択するのは教師自身である。このようなことを意識しておく必要がある。

　以上、教育方法に関連するいくつかの基礎概念を整理した。ここで扱ったものは、主に学校教育の授業と関係が深い。しかし教育方法は授業場面に限った概念ではない。その意味で、ここで整理したいくつかの概念は、より一層広い内容と領域を有する言葉として認識しておく必要がある。教育の目的と方法が関係する以上、すべての教育場面に方法は関与するのである。学校教育の目的は、各教科だけでなく、道徳や特別活動の営みの上に成立している。ゆえに教育方法は、学校の営みと不離な位置付けとなるはずである。

第1部　教育方法の理論

主な参考文献
　青木一・大槻健他編『現代教育学事典』労働旬報社　1988年
　杉浦宏『教育学原論』理想社　1988年
　細谷俊夫『教育方法』岩波書店　1991年
　教員養成基礎教養研究会編『教育の方法・技術』教育出版　1995年
　竹中暉雄・中山征一『時代と向き合う教育学』ナカニシヤ出版　1997年
　大浦猛『教育の本質と目的』学芸図書　1999年
　柴田義松『教育の方法と技術』学文社　2001年
　安彦忠彦・新井郁男他編『新版　現代学校教育大事典』ぎょうせい　2002年
　山崎英則・片上宗二編『教育用語辞典』ミネルヴァ書房　2003年
　今野喜清・新井郁男他編『学校教育辞典』教育出版　2003年
　山崎高也編『教育学への誘い』ナカニシヤ出版　2004年
　日本教育方法学会編『現代教育方法事典』図書文化　2004年
　金子光男・川口道朗・川瀬八洲夫『教育方法論　改訂版』酒井書店　2005年
　平沢茂編著『教育の方法と技術』図書文化　2006年
　田代直人・佐々木司『教育の原理－教育学入門』ミネルヴァ書房　2006年

第2章　教育方法の歴史

1　教育方法の出発点

　教育という営みは、私たち人類がこの世界に生まれると同時に営まれはじめた。古く狩猟時代には、親から子へ、子から孫へと、狩猟技術などが伝聞や模倣などで伝授されていた。そこでは教育方法という概念は意識されていなかったであろう。だが、種の維持や家族生活の向上などが日常生活の目的として存在したはずであり、その目的のための方法は工夫されていたと思われる。

　人類の生活に文字という文化が入り込むようになると、教育が一変する。文字は、多くの人が共通に認識する必要があり、家族内の伝聞や模倣だけでは、その伝承が不可能であった。文字の学習のために、組織された社会的機関である学校が作られるようになる。もちろん発足当時の学校に通う学習者は、文字の必要性を感じる行政官や貴族などである。彼らは、文字の学習に対して十分な動機付けがなされており、自ら進んで文字を学びとった。そのため当時の学校の教師は、教育方法に対する十分な配慮の必要性は感じていなかったと思われる。このような時代は西欧では17世紀頃まで、日本では江戸時代まで続いた。

　しかし、時代が進み、広く子どもが学校に通うようになると状況が変化する。子どもは必ずしも学習に対して動機付けがなされていない。ここにきて、教育方法や教材に対する工夫が求められるようになった。その後、教育方法に関する課題は、教育課程の構成や、学習に対する評価などに拡大されていくことになる。

2 教育方法の史的展開

(1) 古代ギリシャの教育――ソクラテス

最も基本的な教育方法は、問いに対して答えを返すという対話であり、人類が誕生してから、常にとられてきた手法の一つだと言える。古代ギリシャの時代には、弁論術の指導などを職業とするソフィストがこの教育方法を日常的に用いていた。しかし、報酬を取って諸知識を教え込むうちに、対話自体が形骸化して、詭弁的な傾向を示すようになった。

この傾向を批判し、純粋な意味での対話を用いて教育を行った人物にソクラテス（Sokrates B. C. 469～B. C. 399）がいる。彼は、対話をとおして相手の知識や考え方の誤りを意識させ、相手に新しい考え方や発見を生み出させた。その対話法は、相手に無知の自覚と本物への知恵を求めるものであり、自らは生まないが分娩を助ける産婆にたとえられ、産婆術や助産術とも呼ばれた。

ソクラテスの産婆術には、適切な問いと答えの関係から、学習者に問う力を育てると同時に、学習者の認識を再編し、学習意欲を高揚させるという側面があった。当時のソフィストたちが知識を教えようとするのとは一線を画した。ソクラテスの対話は、問いの繰り返しにより、学習者が次第に自身で知識を身に付け、かつ取り出しながら、真理を探究する過程の支援なのである。ソクラテスが真理を把握し、真理を教授するのではなく、学習者が対話を媒介として、自らの力で真理へと到達するのである。いわば、学習者の学ぼうとする意欲に筋道をつける教育方法と言える。

(2) 近代教授学の成立――コメニウス

社会生活おいても、文字の必要性などが意識されはじめると、学校と

いう形態を持つ施設が、多くの都市部や商業地に建設された。その学校には、従前のように学習に対して、十分な動機付けを持つ大人が通うだけでなく、動機付けの不明確な多くの子どもも通うようになった。そこで求められたのが、教育の方法や教材の工夫である。

そのような時期において、近代教授学の祖と称されるコメニウス（Comenius, J. A. 1592〜1670）は、すべての人を地位や身分の差なく教育する学校制度を構想し、幼児教育から成人教育までの各段階の特異性を明らかにした。その上で、学校における学年制や男女共学などの原則を打ち出し、子どもの発達段階に配慮した教育内容や、自然に合致する合理的な教授の原則などを構想した。

学校にすべての人が通うということは、貴族の子も身分の低い子も、あらゆる都市や村に住んでいる子を含めてということである。この構想を実現するには、これまで学校と無縁であった子どもにとって、理解しやすく親しみやすく学べる教材や教育方法の開発が不可欠となる。もちろん、それらは教師にとって負担が少なく、確実に扱うことができ、平易に教えることの可能なものでなければならない。まずは工夫された教材としての教科書が必要となってくる。そこでコメニウスは、対話形式の教科書や挿絵の入った教科書を自ら作成した。その一つが『世界図絵』（1658年）である。

『世界図絵』は、世界で最初の絵入りの教科書である。子ども向けのこの教科書は、学習者の発達段階に即しながら、親との対話や遊びを通して、社会生活の基礎を学ぶように工夫されている。コメニウスは、子どもの周りの環境にある具体的な事物を扱い、感覚に訴えながら教える試みを展開したのである。この事物と感覚を通して学ぶ教授の原理は、文字を通して文化遺産を学ぶ旧来の教授の原理に代わって、近代教育を促進する要因の一つとなったのである。

第1部　教育方法の理論

　コメニウスの構想した教授法は、事物主義と感覚主義に基づいている。彼の著書『大教授学』(1632年)などによれば、学習は事物の感覚に始まり、思考に移り、言語で表現するという順序をとるべきであること、教授はすべての教材をなるべく容易に身に付けさせるために可能な限り感覚に訴えることなどが把握できる。彼は、単なる権威や文字によって教え込んではならないこと、学んだ事柄を生活の中で応用することの大切さなどを考えた。この教育理念は、知識や文化遺産の伝授が教育と考えられていた当時、画期的であったと言える。

(3)　合自然の教育学——ルソー

　18世紀に入ると、コメニウスの主張は、多くの教育学者などに引き継がれていくようになる。その背景には、近代化へのうねりの中で、人間形成への関心が高まったこと、社会の中に貧富の差という不平等が認識されたことなどが挙げられる。

　フランスの啓蒙思想家であるルソー (Rousseau, J. J. 1712〜1778) は、『エミール』(1762年)を著し、独特の教育論を展開した。彼は、同著の中で、人間の自然的本性を善と見なしたが、既成の学校を含めた社会制度や環境の影響を受けることによって、悪へと変質すると考えた。それゆえ、初期の教育は純粋に消極的に展開し、精神的発達や身体的発達に即した環境整備を進める程度に抑えるのが望ましいとした。これは、子どもの能動的・自発的活動を重視する教育である。ここに、従来の積極的に知識や価値を注入する教育と対比するような意味で、「消極的教育論」と呼ばれる理由もある。また逆に、放任教育や教育の放棄などと言われる批判点もある。

　ルソーは、教育は「自然」・「人間」・「事物」の三つによって与えられると考えた。「自然」は能力や器官の内部的発展の教育、「人間」は内部

的発展をいかに利用するかを教える教育、「事物」は影響を受けたりして経験として獲得される教育とした。彼によれば、教育の過程で、最も大切であり、かつ人の手で方向づけるのが不可能なのが「自然」なのである。これを補完するのが「人間」と「事物」による教育ということになる。教育の方法原理としても、自然に従うという意味で「合自然」と言える。

ルソーの教育方法観は、子どもの自由や自発性を尊重している。彼は、子どもには大人とは違った特有のモノの見方や感じ方などがあり、子どもらしい子ども時期を送ることが人間形成上も重要であることを認識させた。このようなことを意識すれば、彼と「子どもの発見」が結び付けられるのも納得できるだろう。

(4) 近代学校の実践——ペスタロッチ

ルソーの示した合自然の教育は、後の教育実践者や理論家に多大な影響を与えた。近代教育の父と呼ばれるスイスのペスタロッチ（Pestalozzi, J. H. 1746～1827）も、影響を受けた人物の一人である。

18世紀後半からのペスタロッチの生きた時代は、産業革命の波が農村にまで浸透し、農業主体の生活が失われ、封建的な社会体制の下での貧困や戦争による孤児が社会問題化していた。こうした状況の中、彼は貧民の救済や孤児の教育をスイス各地で実践した。貧民を貧困に耐え、自立した人間にまで教育することに生涯を捧げたのである。

ペスタロッチの教育は、「頭」・「心」・「手」が調和的に発達した人間の形成をめざした。「頭」は、数と語だけでなく思考能力なども含まれる。「心」は、愛と信仰による道徳や心情力の育成を意味する。そして「手」は、労働により生活の質の確保や体育を意図した。これら三つが互いに関連することにより、諸能力の調和的な発達が可能になると考え

た。その際、教育の場は、「生活が陶冶（教育）する」という言葉が示すように、生活そのものであった。

　ペスタロッチの教授法は、一般に直観教授と呼ばれている。教授の出発点を、学習者が五感を通して得られた認識、言い換えれば生活経験や身近な現実あるものに求めた。そのまさに直観で得られたものを分析し、構成要素を「数」・「形」・「語」の三つに分類し描出する。具体的には、事物の数と種類（「数」）・形状や輪郭（「形」）・名称（「語」）の分析から出発する。それらを基礎に、より複雑な概念の学習へ発展させようと構想した。彼の直観教授は、事物の直観から始まり、その事物自体の印象を整理し、名称や性質を理解させ、事物の本質を定義するという過程を示したのである。

　ペスタロッチの生活そのものを基礎とし、自立した人間にまで導くという教育理論と教授法は、近代学校が普及していく過程に大きな影響を与えた。日本においても、明治期に開発教授や実物教授として紹介され、全国的に広がった。

(5) 体系的教授法の構築——ヘルバルト

　19世紀になると、学校はさらなる効率化を求めて一斉授業が試みられるようになる。その一斉授業の教授法に影響を与え、普及させたのが、ヘルバルト（Herbart, J. F. 1776～1841）とヘルバルト学派の教育学者である。

　ヘルバルトは、ペスタロッチの教育実践を参観し、理論化に努めていることからも、ペスタロッチの影響を受けているが、生活や自然に沿うだけでなく、教授の必要性を感じ取っていた。そのような意識から、教育学の統一的な体系化を試みた。

　ヘルバルトにおける教育の目的は、道徳的品性の陶冶と表現され、近

代市民社会を担う人間の育成である。彼は、その目的に達するために、教授のない教育の存在は認めず、逆に教育（学習）のない教授も認めないという立場をとる。この際、教授は単なる知識や技術の伝達ではなく、教育（学習という意が強い）という営みを誘発しなければならず、逆に教育においては教授が不可欠なのである。つまり、教師の教授と、学習者の教育の関係が相互に融合する「教育的教授」の必要性を説いた。「教育的教授」は、学習者の興味に働きかけ、概念を把握させ、思考を展開できるような段階的過程を踏まえている。この過程が「明瞭・連合・系統・方法」という体系的な学習段階説に結び付く。

　また授業実践との関係からヘルバルトの教育を見ると、管理を重視している点が特徴的である。授業を効果的に展開するためには管理は有益であり、また管理自体が道徳的品性の陶冶に役立ち、学校に秩序をもたらす。学校教育の急速な制度化による一斉学習の普及と、このヘルバルトの教育学が一体となり、以後の教育に大きな影響を与えた。

　ヘルバルトの死後、彼の教育理論を継承し、授業実践への理論的整備を進めた人々の集団をヘルバルト学派と呼ぶ。なかでも有名なのが、チラー（Ziller, T. 1817〜1882）とライン（Rein, W. 1847〜1929）である。ヘルバルト学派の教授理論は、教育目的としての道徳性、教材の選択と配列の段階、教科相互の関連、単元の概念、授業展開過程の段階など多岐に及び、系統学習の理論として、世界の学校教育に影響を残した。

　日本においても明治期以降、ヘルバルトの示した学習段階説を継承した五段階教授説（予備―提示―比較―概括―応用）の影響が大きく、戦前の授業の学習指導案は、この五段階で記述されていた。ちなみに各段階に触れておくと、「予備」は最初に教育内容の予告、「提示」は予定した教育内容の説明と伝達、「比較」はそれまでの教育内容との比較、「概括」はその時間の教育内容のまとめ、「応用」は教えた教育内容の応用

を通して定着させることである。

(6) 経験主義的教育論――デューイ

　近代学校が定着した20世紀になると、工業化と都市化が進行し、大きな社会変革を迎えた。学校教育も社会変革の影響を受け、ヘルバルト主義によって普及した教師中心の一斉授業から、子ども中心主義を標榜する新教育運動も展開された。教育方法のあり方も、教育学の分野だけでなく、心理学や社会学的な分析も求められるようになってきた。

　旧来の教師中心の教育を批判し、新たな教育方法を方向づけた代表的人物はおそらくデューイ（Dewey, J. 1859～1952）であろう。彼は「為すことによって学ぶ」という理念を強調し、教師や教科書を中心とする教育から、子どもの生活や興味を中心とする教育への転換をめざした。彼によれば、子どもが学習の主体となり、主体と環境との相互作用である経験を再構成することが教育の本質になる。そのため、教育の方法は、近代的な一斉学習の際に行われていた注入式ではなく、子どもの経験や作業を重視したいわゆる問題解決学習となる。

　デューイが子ども中心の視点から、教育の変革を試みたのは、当時のアメリカの社会事情も反映している。都市化によりコミュニティが崩壊し、工業化により家庭や近隣での仕事が失われつつあった。そのような中で彼は、様々な形の作業を学校内へ導入した。子どもは、それらの作業に取り組み、経験を改造し、あらゆる局面においても活用できるような技能や態度を育成できると考えた。その作業の過程で、知識を獲得し、社会的な精神を発達させることも意図していた。

　このデューイの教育思想と教育方法は、以後のアメリカ教育に多大なる影響を与え、現在に至っている。また日本においても、戦後の新教育期に非常に大きな影響を残した。戦後、一世を風靡したカリキュラム改

造運動や問題解決学習論などもデューイの教育理論の影響に他ならない。また、近年では「生きる力」の概念や総合的な学習の時間の理論的な背景は、彼の理論に支えられていると言えるだろう。

(7) 20世紀の教育プラン

　20世紀には、新教育運動が世界的な規模で展開され、多くの教育プランが生まれた。それらは多様な理論的系譜を有し、子どもの側から立案・実践されていくものが多い。

　ヨーロッパで目に付くのが、田園教育舎の運動である。これは田舎に寄宿制の学校を設置し、そこで子どもの心身の健全な発達をめざすという教育プランである。当時の中学校が、古典語中心の詰め込み教育に終始しているという批判の上に、勤労体験などの実学を重視した実践である。あえて田舎を選ぶことにより、都会の悪影響を避け、また子どもの自治活動や教師及び子ども同士の交流を尊重した点も特色である。

　子どもの側からの立案という点では、授業形態を一斉学習から完全な個別学習へと転換させた実践も生まれた。学習者の個性や自主性を重んじ、自己のペースに応じて、個別に教育内容を配当したドルトン・プランや、個別学習と集団的活動を分化させて、個に応じようとしたウィネトカ・プランなどが代表例である。

　またカリキュラム編成を改変し、教科や教育内容を統合しようとする試みも行われた。その実態は様々であるが、細分化された教科目を合科させたものや、教科の枠にとらわれない時間設定をしたものなどがあった。具体的な事例としては、小学校低学年段階での合科や学習者の生活領域を題材とした郷土科の実践などが挙げられる。それらの発展形式として、デューイの教育思想と関連したコア・カリキュラムやコミュニティ・スクールの実践なども存在した。

第1部　教育方法の理論

教育方法のあゆみ
（概略図）

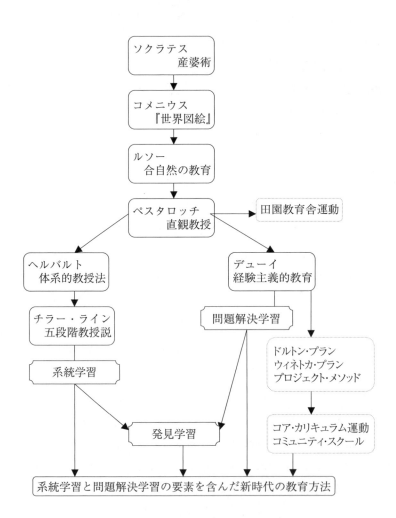

デューイの影響は、プロジェクト・メソッドにも色濃く表れている。これは学習者が計画し、自発的・目的的な活動を軸に学習を組織する学習指導法である。学習者自身に目的設定・計画・遂行・評価の活動を任せ、生活の向上をめざすというプランである。特色としては、学習者の考えが学習過程に反映することが可能となるが、方向性のない無軌道な教育に陥る危険性も有していると言える。

20世紀の半ば以降、授業とカリキュラムの関係は、心理学や社会学、及びシステム工学など人間の行動を探究する諸学問の成果に支えられるようになる。これら行動科学からのアプローチは、科学や学問の概念や法則を、子どもの認知能力の発達に合わせて構造化した発見学習の理論や、情報通信機器を活用した実践を生んでいく。

3 日本の教育方法のあゆみ
(1) 江戸時代までの教育方法

日本において教育の方法が意識されるようになったのは、動機付けが十分でない学習者が教育施設に通うようになってからと言える。なぜなら、古代及び中世期の学校は、学習者の年齢が比較的高く、学習に対する意欲も強く、学校自体が、限られた人のためのものであったため、教育方法の工夫は不要であった。

組織的な教育機関としての学校が一般化するのは、江戸時代の藩校や郷学あたりであろう。もちろんここでの教育内容や方法は、各校により特色があった。学習者の数に比べて、教師が少ないというのが実情であり、具体的な方法としては、原則として素読と講義の形式や、自学主義などが採られた。藩校のなかには、素読と講義の後、学習者が考察内容を発表、それを教師が指導、その上で学習者同士の質疑応答も展開されていたようである。

江戸時代の教育を代表するのが寺子屋である。寺子屋は、庶民の要望などにより自然発生的に誕生した日本独自の教育機関と表現してよいだろう。寺子屋の教育は、「読み・書き・そろばん・礼儀作法・裁縫」と言われるが、中心は手習いであった。手習いは、「いろは」文字から始まる。まず師匠（教師）が習字の手本を書いて与え、寺子（学習者）の書いた字を添削するのが主たる教育の方法であり、個々の特性に応じ、個別に対応する学習が進行していた。題材とする手習いも、「いろは」文字や、自分が住む地の地名や村名など身近なものから扱いを拡大しており、学習者の興味を喚起し、発達段階を加味していたようである。

　このように、学習者の興味や発達に応じる教育が、この時期あたりから実践されるようになる。理論的な面でも、日本教育学の祖と言われ、初めて体系的な教育論をまとめた貝原益軒らによって、教育の方法と学習者の興味や発達を加味した教育の課程が考案されている。

　江戸時代の子どもの教育は、手本を学ぶ、または真似ることが尊重された。そのため、子どもの興味や発達に適した手本の大切さが言われることになる。もちろん手本は、手習いの字だけなく、親の姿勢や周りの環境なども含まれる。武芸を学ぶには、近隣の者たちが武芸に励むことが大切とされ、また職人の仕事などは奉公先で見習い真似ることなどが求められたのである。

(2) 明治期の教育方法

　1868（明治元）年、徳川幕府の幕藩体制が崩壊し、近代国家が誕生した。1872（明治5）年の「学制」発布により、政府主導による統一的な学校教育体制が整うことになった。

　明治期の教育は、教師が学習者に対して、教科書を使って一斉に授業を行う画一的な一斉教授という側面がある。詰め込みであり、個性を尊

重しない、教師や教材中心という点などで、批判を受ける場合も多い。確かに課題とされる部分もあったが、わずかな年数で欧米諸国の経済力や技術力に追いつく人材育成の教育を展開した点や、道徳的意識の形成などは評価すべきであろう。

　もちろん明治維新によってすぐに、教育が変化したわけではない。制度としては全国各地に小学校が誕生しても、明治初期の実態は校舎や教師が不足していた。かつての寺子屋をそのまま学校とした事例なども存在したようである。

　教師の養成に関して、明治政府は初期の段階から力を入れた。「学制」の発布以降、教員養成のための師範学校を急速に整備した。まず師範学校で教えられるようになった教育の方法は、ペスタロッチの教育理論に基づく開発教授であった。実物や学習者の直観を大切にして、発言まで求めるこの新たな教育の方法は、教師からの一方的な説明を教育の方法と理解していた教師たちには新鮮にとらえられたようである。この開発教授は、全国の師範学校などを通して各地に広がるが、国家による統制下では、教育内容や知識を伝達する新手段にすぎなかったと言える。

　明治中期以降、教育の方法はヘルバルト学派（特に五段階教授説）の影響を強く受けるようになる。教授段階を明確にするというヘルバルト学派の教育の方法は、道徳性の育成を教育の目標に組み込むことができ、当時の日本の体制下で非常に有益であった。臣民の育成と教育内容の統制にも寄与できたのである。また教授の方法を確定することにより、教育の内容のみならず教師をも統制することができた。教師の側からしても、教授の内容と段階が明確になる点、指導の流れが予想できる点などから支持された。その一方、教育が画一化し、注入主義に陥るという批判も生まれはじめる。

第1部　教育方法の理論

(3)　大正新教育運動

　大正期に入ると、大正デモクラシーや欧米の新教育運動の影響を受けて、師範学校の附属小学校や私立の小学校などで、新教育運動が見られた。特徴としては、それまでの画一的な注入主義の教育を批判し、子どもの発達段階や個性などを重視した。この運動では、教育の焦点を子どもに移すだけでなく、教育方法の改革も試みられた。

　教育方法の改革の特色としては、子どもの個性や学力に沿った学習指導をめざしたものがあった。教師中心の画一的な教授を打破して、子どもに思考させ、活動させながら主体的に学習内容を獲得していくような方法の開発が進められた。子どもの理解度に応じて学級内を複数の集団に組織してする実践や、個別学習を基礎に子どもの自主性を尊重した実践などが試みられた。

　一方、カリキュラムの改革も展開され、複数の教科目を融合させた合科の授業も見られた。子どもが発達段階に応じて興味を持つように、学校内や郷土の事例などを、中心的な題材としたのである。この際にも、子どもの自発的な学習を、教師が支援するという姿勢が読みとれる。

　また、子どもの相互協力や自治を強く意識した実践も残されている。学習の場では、疑問点や見解の相違などを集団の討議や相互学習の中で解決し、知識と理解を図ると同時に、社会化をめざした。学級の運営面では、子ども同士の連帯や友愛の精神を育みながら、学級や社会の中での責任や義務なども視野に入れた方向を模索した。

　これら大正新教育運動の理論や実践は、比較的統制のゆるやかな一部の私学に限られ、公立の小学校に普及することは少なかった。昭和期には、時勢の影響もあり、自由主義的な教育風潮は抑圧されることになる。しかし、教育の焦点を子どもに移したことや、カリキュラム開発の面などで戦後の新教育にも影響を残すことになったと言える。

(4) 昭和初期の教育

　昭和に入ると教育の分野においても、国家主義の統制が強化され、終戦まで続くことになる。この時期の教育は、国が内容を定め、教師には、定められた教育内容や徳目の教授を進めることのみが求められ、学校は、画一的な注入主義の場となった。しかし、戦局が逼迫してくると、学校教育自体が成立しないような状況に追いつめられることとなった。

　この時期の教育は、統制が強く、民間側の工夫の余地がないようにも感じられる。しかし、このような中で日本独自の生活綴方を生かした教育方法が確立してくる。生活綴方とは、子どもに現実の生活について作文を書かせ、それをもとに現実を見つめ、新しい生活を切り拓いていく主体的生活者としての態度を育成しようとする教育運動である。この運動の萌芽は、明治期や大正期の文章表現指導に見ることができるが、綴方関係の雑誌の発刊や、民間教育団体の設立などにより、昭和10年前後には、その目的を単なる文章表現指導から、生活指導や人間形成へと移している。

　綴方を中心にした教育運動とは別に、郷土を基礎概念とした実践も昭和初期に登場してくる。その背後には、学校教育が国体護持と知識の普及に特化した一斉教授に陥っていることの反省と批判がある。この運動の方向性は国と民間で二つに分類できる。国は郷土独自の認識や郷土愛の育成を、民間は農村の再生運動と結び付き郷土再建を意図した。しかし郷土教育は戦時体制の強化と共に、郷土愛から祖国愛へ、そして日本精神の涵養という面が強調されていく。この流れは、1941（昭和16）年からの国民学校では、愛国心を育む教材として国民科の中で「郷土の観察」という学習として取り入れられる。

　生活綴方や郷土教育という運動は、全体から見ると非常に小さな動き

第1部　教育方法の理論

であり、学校では、系統的で画一的な知識の詰め込みが恒常化していた。しかしこれらの運動は、戦後に受け継がれており、単なる一過性の動きではなく、日本の現実に即して生まれてきたものであることが把握できるだろう。

(5)　**戦後の新教育**

終戦後、日本は実質的にはアメリカの占領下となり、政治・経済・文化などあらゆる側面において、アメリカの影響を強く受けることになる。教育においても同様であり、当時アメリカで一世を風靡していたデューイの教育理論が、日本の戦後教育に色濃く影響を与えることになる。

戦後直後の1945（昭和20）年9月、文部省は占領軍の改革に先駆けて、「新日本建設の教育方針」という平和国家を建設するための文教施策を公表する。その後、教科書の軍国主義的な内容を削除する方針などを立て続けにとる。しかし、これらの動きはあくまでも教育の目的や内容に限った部分である。

1945（昭和20）年末頃より、日本は戦前の修身に代わって公民科の構想を展開する。この教科は、広く共同生活の構造と作用を理解することを目標とし、内容は非常に広く、史的なものの見方なども含まれていた。その教科の指導法は、従来の系統的な知識の詰め込みではなく、実践指導と知的指導の両面を重視する方向を打ち出した。実践指導の側面では、生活指導と自治の訓練、知的指導の面では、説話や討議及び調査活動なども示唆されていた。子どもの活動や思考にも配慮した教育の方法を提唱していたのである。この公民科が具体化されることはなかったが、その内容や指導の方法がアメリカ流の社会科に極めて近いため、社会科導入の大きな要素の一つになった。

1946（昭和21）年3月、アメリカは『米国教育使節団報告書』を提出する。この文書が戦後の日本の教育を方向付ける要素となった。その中では、自由主義の見地から教育理念が示され、詰め込み教育から個人を尊重した教育へ、官僚統制の排除、六三制の勧告、単線型学校教育制度、男女共学などが打ち出された。同文書の中では、授業実践の提案として学習者の発達段階に沿って題材を学び、その際には質問や意見を出し合うことの大切さなどに触れている。教師よりも学習者を重視していることが理解できる。

　公民科の構想、『米国教育使節団報告書』などの動向を受けて、1947（昭和22）年の新学制の発足と学習指導要領（試案）の発行により、戦後新教育が本格的に開始される。戦後の教育の中心は、教師や教材から子どもに移った。そこで中心的な教科となったのが社会科であり、文部省側も民主社会を担う人材を育成する社会科に大きな期待を寄せた。社会科は、子どもの生活経験を基に組み立てられた単元を中心として、子どもの問題解決や経験によって展開された。その単元は、子どもの生活や疑問などにより配列されるため、常に子ども主体の学習が可能となった。まさにデューイの「為すことによって学ぶ」という理念による教育実践であった。

　戦後の花形教科であった社会科は、カリキュラム改造運動に代表される民間教育研究運動を導いた。この運動を担ったのは民間の教育研究者や実践者で立ち上げた民間教育研究団体であった。なかでも戦後直後の時期に中心的な役割を果たしたのが、カリキュラム改造の実践と研究を進めたコア・カリキュラム連盟である。同連盟は、社会科や理科のような総合的で広範な教科をカリキュラムのコア（中心課程）にすえ、その周りに他の教科目を配置（周辺課程）するというカリキュラムの全体構造改革を進めた。いわゆるコア・カリキュラム運動である。

第1部　教育方法の理論

コア・カリキュラムの構造

コア・カリキュラム運動の基礎理念は、社会科や理科の課題を解決する際には、国語や算数の知識も活用するため、課題の解決を中心に学校教育を展開すれば、知識も必然的に付くと考えた点にある。まさに子どもの活動が中心の経験主義的な教育である。しかし、当然のことながら従来の教科目を系統的に扱わないため、基礎学力の低下を招いた。また自由と権利を尊重するアメリカ流の経験主義は、義務と責任及びモラル意識の欠如を導いたと批判された。

以上のような批判を受け、その後、文部省側も民間教育研究団体側も、子どもが学習題材として扱う「問題」や「経験」の系統性を意識するようになる。子どもが解決すべき課題と発達段階などを加味した上で、系統的に「問題」を配置し、系統的な知識の習得にも配慮した。学習の主体を子ども自身や子どもの活動に置きながら、実践的な側面と知的な側面を統一させ、批判を乗り越えようとした。

またこの時期には、戦前の遺産も継承され、実践されている。復活した生活綴方の運動では、貧しい農村のリアルな現実に目を向け、学習者の考え方や感じ方を共同化させ、認識を着実に育てようとした。この試みは、アメリカ的な経験主義教育が社会を完成されたものと見る傾向に対して一石を投じた。

アメリカ占領下の時期は、経験主義的な教育の展開期である。教育の方法の面では、従前の教師中心の教授から、子ども中心の問題解決的な学習指導へと大きな転換が見られた。現在の視点からも学ぶべき点が少なくないが、1950（昭和25）年の朝鮮戦争あたりを契機に、国内外から戦後新教育に対する批判が寄せられ、変化が求められることになる。

(6) 高度成長期の教育

　日本は主権回復後、急速な高度成長期に入り、社会が学校に対して基礎的な知識や技術の習得を強く要請するようになった。また1957（昭和32）年にソ連が人類初の人工衛星の打ち上げに成功すると、国際的にも急速に科学技術教育の振興が求められ、子ども重視の経験主義的な教育から、知識中心の科学的成果を盛り込んだ教育へと移り変わった。

　昭和30年代からの高度成長期の教育を一言で表現すれば、系統的な知識を重視した一斉学習である。一斉学習では、多くの学習者に短時間に共通の知識や学力を与えることができる。共通の知識や学力を得た学習者が、多くの企業において日本の高度成長を支えたのである。つまり、高度成長を担ったのは、学校での系統的な知識重視の学習であったという側面もあると言える。

　この時期に、知識重視の一斉学習が成功した理由は、学習者の目的意識や動機付けが明確だったということもある。後に学歴偏重や受験戦争などと批判もされるが、当時は高等学校から大学へ、そして就職することが将来の生活を構想する上での目的であった。教師に教育方法の配慮や特別の工夫が足りなくても、必然的に子どもを学習へと向かわせたのである。

　もちろん高度成長期の教育は、日本全国同じ内容の画一的な注入主義であり、落ちこぼれや非行などの問題点も抱えていた。一方で全国的な地域開発が、自然破壊や生活構造の変化を引き起こしていた。これらが手を結ぶような形で、教育と生活の結合として、地域の課題を、学校教育の課題とする運動が生まれてきた。「地域に根ざす教育」というスローガンの下に出発したこの運動は、学校での実践にとどまらず、地域の教育計画などへと展開した。社会科を中心としたこの動きは、子どもに地域での生活を意識化させるもの、教材づくりを地域の掘り起こしと結

んで進めるもの、戦前の郷土教育運動の流れをくむものなど多種多様な実践を生み出した。いずれも、当時の主流である系統的で知識を重視した一斉学習に批判的な立場であり、子どもの問題解決や地域教材の独自性などを大切にした。

(7) 平成期の動向

　昭和から平成にかけての時期になると、学校においては、暴力・いじめ・不登校・荒れなどの問題が噴出し、従前の系統的な知識を伝授する学習が限界に達したと言われるようになった。また同時に急速な社会情勢の変化により、生涯学習体系への移行や国際化及び情報化社会への対応などが教育の新たな課題として、浮かび上がってきた。

　1984（昭和59）年に発足し、新しい時代に向けての教育改革を方向づけた臨時教育審議会は、審議の過程で「新しい学力観」という概念を示す。「新しい学力観」とは、点数化された成績ではなく、教育の成果として、思考力・判断力・表現力などの能力がどの程度形成されたかを、関心・意欲・態度を要素としながら判断しようとするものである。これは、教育の方法にも大きな変革をもたらした。高度成長期の知識伝達のための一方的な教授では、学習の諸能力の形成は望めない。学習者が主体的に活動し、自ら思考し判断するような学習指導が求められることになった。

　学習指導要領の方向も同様であり、昭和期の知識重視の内容を改め、内容と時間を削減し、子どもの主体的な活動を重視する方向に変化した。学校教育や子どもの教育に「ゆとり」を持たせようとした。そこで生まれてきたのが、1989（平成元）年版の学習指導要領から登場した「生活科」であり、1998（平成10）年版からの「総合的な学習の時間」である。これらは、教科の枠をある程度外し、子どもの自主的活動を大

切にしながら、知の総合化をめざしていた。

　この動きの背後には「新しい学力観」を踏襲するような形で使われるようになった「生きる力」という概念の影響がある。「生きる力」は、自分で課題を見つけ、自ら学び、自ら考え、主体的に判断し、行動し、よりよく問題を解決する能力や資質などを示す。この力を育成するためには、学習の主体を子どもの活動などにおく必要があり、従来の教材や知識は副次的なものになる。したがって教師の役割も教授から、学習指導の支援ということに結び付く場面も少なくない。

　もちろん、このような傾向の学習では、系統的知識がおろそかになり、学力低下という問題が生まれてくる。実際に、学校で教えるべき内容や授業時間が削減され、高度成長期のような知識が身に付きにくくなってきた。今後の日本社会のためにも、系統的に文化遺産を伝授し、読み・書き・計算の能力向上を徹底すべきだという主張も多く展開された。

　教育の主体を子どもの活動に置くのか、教材などの知識に置くのか、という課題が、この時期の教育改革の動向の背後に見え隠れしていた。また、情報化の波が学校にも影響を与え、各種メディアや情報通信機器の発達と普及により、従来の教育理論では把握しきれない課題も生まれてきた。情報通信機器などを使用したまったく新しい教育方法の探究と実践も求められるようになった。

(8)　平成から令和へ

　平成期に高等教育の改革案が、文部科学省の中央教育審議会から提言された。そこでは、大学の大衆化に伴い、大学教育の質的転換に向けた学習指導の改善策として、アクティブ・ラーニングが示された。高等教育で意識されたアクティブ・ラーニングとは、学習者主体の指導法であ

り、具体的には討議やディベート、演習、実験、実習等である。特色としては、教授者からの一方的な知識伝達を改め、学習者の協働や協調を重視した学習をめざしていた。

　このアクティブ・ラーニングは、初等中等教育への取り入れも進められた。小学校や中学校の段階では、「主体的・対話的で深い学び」と表現され、能動的に学習に取り組む学習法の総称と捉えられている。この学習法は、知識を習得しつつ、教師からの一方的教授では身に付けることが難しかった課題解決などのスキルを養う視点を大切にしている。社会変化に対応しながら、学ぶ姿勢や学ぶ過程なども大切にしており、前述の「新しい学力観」や「生きる力」を育む学習指導方法とも言える。

　現代は、技術や社会環境が急激に変化し、教育機関で学んだ内容がすぐに時代遅れになってしまう。次々と新しい知識や技術を身に付け、将来にわたって必要なスキルを身につけさせる学習が必要となる。そのため、これからの学校においては、継続的に学び続ける姿勢や、工夫を重ねながら学び方を習得する必要も生じてくる。つまり、何ができるようになるのか、何を学ぶのか、どのように学ぶのか、などという視点が大切となってくるのである。学び方や考える方法を学び、予測不能な社会変化に対応する資質や能力の育成をめざすことが、教育方法の新たな課題となっている。

主な参考文献
　鈴木博雄『原典・解説　日本教育史』図書文化　1985年
　青木一・大槻健他編『現代教育学事典』労働旬報社　1988年
　細谷俊夫『教育方法』岩波書店　1991年
　石川松太郎『教育の歴史』放送大学教育振興会　1991年
　宮澤康人『近代の教育思想』放送大学教育振興会　1993年
　村井実『教育思想』（上・下）東洋館出版社　1993年
　杉浦宏編『日本の戦後教育とデューイ』世界思想社　1998年

第 2 章　教育方法の歴史

教育思想史学会編『教育思想事典』頸草書房　2000年
久保義三他編『現代教育史事典』東京書籍　2001年
山崎英則・徳本達夫編『西洋の教育の歴史と思想』ミネルヴァ書房　2001年
寄田啓夫・山中芳和編『日本の教育の歴史と思想』ミネルヴァ書房　2002年
安彦忠彦・新井郁男他編『新版　現代学校教育大事典』ぎょうせい　2002年
多田俊文編『教育の方法と技術　改訂版』学芸図書　2003年
矢田貝公昭・林邦雄・成田國英編『教育方法論』一藝社　2004年
日本教育方法学会編『現代教育方法事典』図書文化　2004年
中谷彪・小林靖子・野口祐子『西洋教育思想小史』明洋書房　2006年
相澤伸幸『教育学の基礎と展開』ナカニシヤ出版　2006年
教職課程研究会編『改訂版　教育の方法と技術』実教出版　2018年
平沢茂編著『三訂版　教育の方法と技術』図書文化　2018年
柴田義松・山崎準二編『第三版 教育の方法と技術』学文社　2019年
子安潤編著『教科と総合の教育方法・技術』学文社　2019年

第1部　教育方法の理論

第3章　教育方法の基本原理

1　教育方法の特色

　現在の教育方法は、子どもの発達段階や具体的な教科目の特性、教員側の教育観や目的などに左右され、多くの種類のものが活用されている。だが、基本的には二つの類型に分けることが可能である。

　一つは、人類が培ってきた文化遺産や知識などの教材を中心に、教師が学習者に直接的に伝授していく方式である。教科や教材主義の教育方法であり、教育の焦点は教材や教師の側にある。この方式は、古くから教育機関で活用されており、教師が一斉に多人数の学習者に、短時間に一定の知識や教養を与えるのに優れている。歴史的に見れば、ヘルバルト学派の教授段階の考え方などにも表れている。

　他方は、学習者が興味を有することや自身の問題を中心に、主体的な活動や探究によって学習を展開する方式である。学習者中心の教育方法であり、教師は学習者の活動の環境設定や筋道を支援する立場となり、直接的な教授を強く試みない。学習者が自ら主体となり、活動的に課題の解決や技能の習得をめざす。歴史的にはルソーやペスタロッチの教育理念に見ることができ、デューイの経験主義教育理論に結び付いている。

　これら二つの類型のうち、前者の知識や教材を中心とする学習方法を系統学習と呼び、後者の学習者の興味や自身の問題を中心とする学習方法を問題解決学習と呼ぶ。現在、実践されている教育方法も、この二者の系譜を有するもの、または融合をめざすものばかりである。まさに、

この二者の学習は、教育方法の基礎なのであり、それぞれの特色や長所・短所を明確に把握し、理論的認識を深めることが、授業実践力の向上に結び付くと言える。

2 教育方法の類型
(1) 系統学習

　系統学習は、教科内容の科学性や系統性を重視し、知識や技能を系統的に順序よく教授し、的確に習得させることをめざしている。この教育方法の背後には、人類が築きあげた文化遺産や科学的な成果などを次の世代に伝達し、継承させるという考え方がある。知識を、易しいものから難しいものへ、単純なものから複雑なものへ、具体的なものから抽象的なものへと配列して体系的に教授するのである。学習の際には、教材や教師が中心となり、学習者が従となるため、教科中心（教師中心）主義の教育方法などと表現される場合がある。

　この学習方法の長所は、何と言っても、短時間に多人数の学習者に共通の学力や知識を育成することができる点にある。そのため、同学齢の学習者を集めた学校などの一斉学習に適している。また、教材の配列が系統的に教科書などにより示されており、教師側が題材を選択する必要もなく、教師の負担も軽減できる。その上、定期的な筆記試験や口頭試問などにより、学習者の理解度を測定することも比較的容易に行える。

　このような長所がある一方、単なる詰め込みの注入主義に陥り、学習者の思考や個性を育てないという短所も存在する。言い換えれば、学習者が興味を持ち、学習の速度に適応できれば効果を上げることができるが、学習の速度から取り残されると、いわゆる落ちこぼれを生むことになる。落ちこぼれると学習に興味を持てなくなり、学校に通わない不登校の要素にも結び付く。また、注入された知識量を示す試験結果が、教

育の基準や評価となり、序列を生み出し、学歴偏重主義や受験至上主義による競争を導いてきたとも言える。

　系統学習の学習内容は、学習者の興味や身近な問題に配慮して組み立てられるわけでなく、文化遺産の系列・歴史の史実・科学の成果などの順序に基づいている。そのため、学習者の思考や個性を育てないと言われる。評価においても、学習内容をいかに多く確実に習得できたが問われ、独特な思考や個性などは、評価の対象にならないのである。高い評価を得るためには、教師や教材の系列が求める解答、つまり画一的な考え方や解釈が必要となってくる。学習者が、日常生活などの中で直面する原理やものごとの関係を追究する意欲や態度を育成しない。このような面が学習者自身の考え方の否定（画一的思考の助長）や、自分自身の活動や見解を肯定する意識の否定（自己肯定感の欠如）を生み出すという意見もある。

　現在では、系統学習の「系統」の概念や中身を明確にする試みが展開されている。学習者の興味や学習意欲を喚起するために、学習者の心理性や関心事などにも配慮して、教材の系統を整えようとする動きである。一般的に系統学習は、学習者自身が学習内容の選択および学習の過程で主役となることがなく、常に受動的な存在という立場に置かれる傾向がある。その傾向を少しでも改めるため、知識や学問の系統と学習者の関心事などとを統合して、現代的な視野から系統の配列が見直されている。

　子どもの興味や活動を重視した立場から系統学習を検討した場合、もちろんいくつもの短所がある。しかし、教科の系統・歴史の系統性・科学や技術の発展の系統などを次世代に伝え、基礎的な学力を育成する意義は大きい。世の中には、個々の学習者が独自に持つ経験や思考を超えて存在している普遍的な知識や技能も少なくない。そのような基礎的な

土台がなければ、次の発展や個性的思考が生まれてこないのも事実である。それゆえ、科学的に系統付けられた教育内容と、学習者の主体的な学習や活動をどのように関係付け、組織化するかという点が常に大きな課題となっている。

(2) 問題解決学習

問題解決学習は、学習者の興味や関心を引き起こす学習上の課題を問題として設定し、その問題を学習者の主体的な活動によって解決に導くという方法である。その解決の過程では、学習者自身の思考力・判断力・洞察力などが育成され、同時に解決の方法自体も学ぶことになる。具体的には、まず学習者自身が問題を把握し、解決のための情報を収集する。その上で、解決のための仮説を立案し、仮説に従いながら解決を試みる。最後に自分の仮説が適切であったかを検証し、場合によっては問題解決の結果を他の学習者への報告まで視野に入れる。この解決を展開する過程で、学習者は必要に応じて普遍的な知識や科学的な成果に触れることになる。学習の際には、学習者自身の主体的な活動や経験が中心となり、教師は従となるため、学習者中心（経験中心）主義の教育方法などと表現される場合がある。

この学習方法の長所は、学習者に生きて働く知識や認識を深化させ、社会を変革するような力を育成することが可能となる点にある。まず学習者は自身や社会の問題を認識する。そこには正確に社会を見る目が必要である。自身の目を通して認識した問題を解決する過程では、多種多様な推測や思考を繰り返す必要がある。つまり学習者には、主体的に学習を進めることが求められる。この主体性が、学習者自身に起こる問題や障害を乗り越える生きた知識や認識を生むことになるはずである。

多くの学習者が同じ問題を取り扱い、解決を試みてもその結論は同じ

ではない。個性的な解決方向が見られるはずである。その多様な方向を意識し、再び自身の問題解決の要素に加えるような展開からは、異論を認める姿勢と同時に広い視野が育成できる。学習者の個性に応じ、主体性を育て、社会での対応力を育むのが問題解決学習の特色である。

　しかし問題解決学習は、普遍的知識としての基礎学力の低下を招くという短所を有している。この学習方法では、子どもの興味や身近な問題を出発点とし、その解決をめざすため、人類の培った文化遺産や知識を系統的に伝授する機会がない。問題解決の過程で、基礎知識を学ぶという理論立てはあるが、実際に学ぶ基礎知識は非常に少ない。系統的な歴史や地名、複雑な計算などが問題の解決過程で扱われることはほとんどない。その上、子どもが問題として解決するのは限られた分野であり、偏りも生じる。広く客観的な知識を育成するのは、どうしても不得手である。

　また教師の側からもいくつかの短所や疑問点が指摘される。問題解決学習では、一定の教材や授業計画が決められておらず、授業の方向や時間配分が把握できない。学習者の個性的な問題解決は、個々人の特性に応じるために、多様な結論を導き出すだけでなく、一定の時間では完結しないのである。それゆえ、授業計画も立案しにくくなり、教師の負担が非常に増える。それらとは別に、評価の問題もある。問題解決学習で得られた能力は、筆記試験などでは測ることができず、評価方法が不明という点などがある。

　問題解決学習で最大の課題となるのは、その「問題」に何を設定するかということである。子どもの興味により「問題」を配置していけば、子ども主体の活動的な学習になり、一つの「問題」が次の「問題」を生み、次々に展開することが可能となるが、教師の期待するような知識は育成することができない。教師が、社会問題などを視野に入れて「問

題」を系統的に設定した場合は、子どもが関心を示さず、主体的な学習を望めない場合もある。この「問題」設定をめぐっては、史的にも論争が展開されている。

確かに問題解決学習は、問題を発見し、それを解決するというプロセスの過程で、学習者に様々な力量を育成することが可能である。現代社会を生きる上で必要となる力も、問題解決の連続で養われるはずである。これまで、問題解決学習による実践は、知識習得の軽視や教師の負担の問題などで、特定の教科目や単元に限られる傾向があった。しかし、現代社会を生きるには、問題解決力の育成は不可欠であるため、学校教育においては、何らかの形でより多く取り入れる必要があると言えるだろう。

(3) 系統学習と問題解決学習の史的展開

日本の教育方法の歴史は、系統学習と問題解決学習の対立の間で揺れ動き続けている。その中で両者の長所・短所の指摘と把握や、両者の融合なども試みられてきた。現在までの教育実践においても、この両者の長所を伸ばし短所を補うような統合的な教育方法も展開されている。

学校制度が設立した1872（明治5）年の「学制」から、戦前までの教育方法は、系統学習が主流であった。明治初期の開発教授や大正期の新教育運動などのように、子どもの感覚や環境を意識した指導法も存在したが、それらは全体からすれば小さな動きである。戦時下において、教育内容が統制されるようになると、教育方法の工夫は、いかに教え込むかに傾斜することになり、子どもの側からの発想は許されなくなった。そのため、系統学習のさらなる効率化が求められた。

戦後、アメリカ流の新教育は「学ぶのは児童だ」を合い言葉に、経験主義的な教育理論が基礎となる。そこで一世を風靡したのが問題解決学

第1部　教育方法の理論

習である。昭和20年代の問題解決学習は、戦後の花形教科である社会科を中心に展開された。社会科では、子どもに生活を営む力を育成すべく、子どもの関心事や周りの問題を取り扱った。しかし、この問題解決学習は、伝統的な知識の欠如、個人主義的な傾向、愛国心育成という視点の欠落などの点で、すぐに批判を浴びる。そこで、問題解決学習を展開していたコア・カリキュラム連盟などの民間教育団体は、「問題」の質と系統を追究するようになる。日本社会が直面する課題と、学習者の発達や文化遺産の系列などを融合して、系統的な「問題」設定を意識したのである。

　昭和20年代の後半には、問題解決学習の有する欠点である知識の軽視や、自由と権利の個人主義的な傾向を憂いて、系統学習が強く主張されるようになる。その際、教育研究者の間で理論的にも数多くの論争などが展開され、必然的に問題解決学習と系統学習の長所・短所が確認されることとなった。これらの論争などと同時に、教育実践においては、数学や理科の分野で系統学習の立場に立つ民間教育研究団体の実践が注目を集め、成果を残した。その後、1958（昭和33）年版の学習指導要領が明確に系統学習の立場に立脚したことなどから、問題解決学習は急速に影響力を失った。

　高度成長期は、多くの分野で効率と能率が必要とされた。教育も例外ではなく、系統学習のさらなる効率化が求められ、教師は学習者の知識や技術の定着に尽力した。系統学習で学び、一定の知識を得た学習者が、社会に出て高度成長を支え続けたのである。しかし一方では、系統学習の欠点も露呈することになる。偏差値でランク付けされた学校は、選別機関としての色彩を強め、受験戦争などの歪みを生み出しだけでなく、落ちこぼれや校内暴力などの荒廃も見られるようになった。

　そして昭和後期から平成期にかけて、再び、問題解決学習が注目を浴

びる。「新しい学力観」や「生きる力」は、まさに問題解決学習で得られるものである。知識を一方的に教え込む教育から、子どもが自ら学び、考える教育への転換がめざされ、学習指導要領に「ゆとり」が盛り込まれた。子どもの活動や問題解決を基礎とする生活科や総合的な学習の時間も導入され、高度成長期に比べ、系統的な知識を学ぶ教科の授業時間数と教育内容がかなり減少した。

　しかし当然のように、平成期の学習指導要領の問題解決学習的な方向では基礎学力の低下が避けられないという主張も多く展開された。これら批判は、従来のように、問題解決学習を批判するだけではなく、その意義は認めつつも、系統学習や反復型のドリル学習の必要性に言及していた。社会を生きるには系統的な知識や基礎的な学力は欠くことはできない。だが、自分で検討し判断するような力も大切である。この課題は、基礎基本の徹底（系統学習）と個性の育成（問題解決学習）の両立にも結び付く。知識の伝授と問題解決力の育成は、場合によっては相反する面もあるが、両立をめざさなくてはならないことが両認識された。

(4) 新しい教育方法

　系統学習と問題解決学習の対立の過程では、両者の長所を生かしつつ、短所を補うような新しい教育方法もいくつか実践されてきた。

　最も一般的なのが発見学習であろう。発見学習とは、事物の間の規則や定理などを学習者が自ら発見していく教育方法である。学問や知識の体系を学ぶのではなく、学習者の主体的探究により、既知の規則や定理などを発見させようとする。扱う題材は、理数系学問の科学的成果から文化遺産の系列まで多岐に及ぶ。

　この教育方法が日本に紹介されたのは、昭和30年代の系統学習対問題解決学習の論争が激しい時期であり、両者の対立を止揚する教育方法と

言われた。系統的な教材構造で知識を与え、発見（問題解決）の過程で個性や生きた学力を育成できると考えられた。特に理数系の教科目では、発見学習を前提とした教材も作られた。しかし、系統学習による知識重視の風潮の中、学習指導要領の拘束という課題もあり、十分な広がりは見られなかった。

　発見学習と前後するような時期に、範例学習（範例方式）の実践も展開された。範例学習とは、教材として基礎的・本質的なテーマを範例として取り扱い、そのテーマを探究する学習を通して、学習者に基礎的な内容を理解させる方法である。選択され探究されるテーマは、基礎的なものであり、転移性を有し、学習者の問題意識を喚起することが条件となる。テーマ学習を徹底することにより、そこで得られた知識や経験を、他の場面での活用や応用に発展させようとした。このように範例学習では、いくつかのテーマに学習を集中させることにより、教材の過剰な配列による注入学習を克服し、知識の活用や認識の定着をめざしたのである。

　その他にも、系統学習と問題解決学習の長所を意識しつつ、学習者に学び方を学ばせようとした実践や、既存の教科の枠をはずして多領域の知識や技能を総合して扱おうとした実践なども展開された。これらの実践を通して、学習内容の系統性・子どもが物事を発見する驚きや喜びの重要性・基礎的なテーマ探究の意義など認識された。そして現在は、総合的な学習の時間だけでなく、あらゆる場において、子どもに求められる資質・能力とは何かを社会と共有しつつ、知識と問題解決の質を高める教育方法と実践が求められている。

3　教育方法と教育課程

　教育には目的があり、その目的を達成するために方法が関与する。も

ちろん、目的の達成のためには、全体計画が必要となり、その全体計画のことを教育課程と呼ぶ。教育課程は、教育の内容を子どもの心身の発達に応じて、教育内容を組織化して、配列した教育の全体計画なのである。

　教育課程の編成は、各学校において、法令や学習指導要領に従いながら、地域や学校の実態及び子どもの発達段階と特性を考慮しながら進められている。現在では、各学校が教育課程を柔軟に編成できるように、基準の大綱化・弾力化が進み、創意工夫が多く取り入れられるようになっていると言える。その教育課程は、原則として子どもの教育に責任を担うすべての人により、計画される必要があるが、実質的には各学校の校長の監督の下に、教育活動を担う教職員により編成されている。

　教育課程の課題として、編成する際に何に重点を置いて全体計画を進めるかという点がある。大きく分類して二つの方向がある。一つは、人類の文化遺産や知識などを重視した教育課程で、教科カリキュラムと呼ばれる。もう一つは、子ども自身の活動や経験などを重視した教育課程で、経験カリキュラムと呼ばれる。教育方法との関連で特徴的なことは、前者の教科カリキュラムは系統学習を、後者の経験カリキュラムは問題解決学習をそれぞれ導く傾向を有する点である。

　教科カリキュラムとは、文化遺産や科学の知識などを教科別の教育内容として組織したものである。知識や技術を組織的・体系的に学習者に伝達するには都合がよいが、学習者の興味や問題意識などを加味することができず、知識偏重の注入主義的な学習になりやすい。また各教科間の関係が失われやすく、学習者が学習内容を統一的に把握し認識することが困難になる場合もある。そのため、各教科を並列的に配置するだけでなく、生活科や総合的な学習の時間のように、複数の教科を融合・相関させるような試みも進められている。

第1部　教育方法の理論

　また、この教科カリキュラムの中にもいくつかの種類があり、教材を文化遺産などの知識として系統的に配置するものや、学問的成果や技術の学習を中心にするものなどがある。いずれも系統学習による知識や技術の伝授を想定していると言える。

　一方の経験カリキュラムは、経験主義の立場に立脚し、学習者の生活経験を基礎としている。文化遺産の伝授や教科の知識よりも、子どもの活動や日常経験での発達を大切にしながら、カリキュラムを構成する。子どもが主体的な活動するという面では、有益な学習となるが、基礎学力の不足や個人主義的な学習になりやすいという傾向がある。そのため、扱う題材を、学習者の周りの社会問題などを系統的に配したカリキュラム編成なども試みられる。学習指導の方法としては、子ども主体の問題解決学習を意識している。

　教育方法と同様に教育課程も、各時代の社会の影響を受ける。当然のように、社会が知識を求めれば教科カリキュラムに、個性や独自性を求めれば経験カリキュラムによる編成が主流となる。事実、学習指導要領にもこの傾向が見られ、高度成長期は教科カリキュラムを、戦後直後と現在の生活科・総合的な学習の時間では経験カリキュラムを指向している。

主な参考文献
　井上弘『教育哲学の類型と教育方法』教育開発研究所　1983年
　大橋精夫『戦後日本の教育思想』(上・下巻) 明治図書　1990年
　武藤文夫『問題解決学習の活力』黎明書房　1992年
　熱海則夫・奥田眞丈『教育課程の編成』ぎょうせい　1994年
　日本教育方法学会編『戦後教育方法研究を問い直す』明治図書　1995年
　社会科の初志をつらぬく会編『問題解決学習の継承と革新』明治図書　1997年
　日本教育方法学会編『教育課程・方法の改革』明治図書　1999年
　天野正輝・藤原久雄編『教育課程—重要用語300の基礎知識』明治図書　1999年
　柴田義松編『教育課程論』学文社　2001年

第 3 章　教育方法の基本原理

日本カリキュラム学会『現代カリキュラム事典』ぎょうせい　2001年
安彦忠彦・新井郁男他編『新版　現代学校教育大事典』ぎょうせい　2002年
矢田貝公昭・林邦雄・成田國英編『教育方法論』一藝社　2004年
日本教育方法学会編『現代教育方法事典』図書文化　2004年
金子光男・川口道朗・川瀬八洲夫『教育方法論　改訂版』酒井書店　2005年
植村繁芳『問題解決学習で教育を変える』学文社　2005年
日本教育方法学会編『現代の教育課程改革と授業論の探究』図書文化　2005年
平沢茂編著『三訂版　教育の方法と技術』図書文化　2018年
藤井千春『問題解決学習入門』学芸みらい社　2018年
柴田義松・山崎準二編『第三版 教育の方法と技術』学文社　2019年
子安潤編著『教科と総合の教育方法・技術』学文社　2019年

第1部 教育方法の理論

第4章 日本の教育課題と教育方法

1 「生きる力」

　学校教育の目標に「生きる力」の育成が置かれて久しい。この概念は、平成期に学校週五日制の完全実施や総合的な学習の時間の導入と並んで、注目を集めた。簡潔に述べれば、「生きる力」は、社会において自立的に生きるために必要とされる力であり、その育成が現代の教育課題の一つになっている。

　この概念が注目を浴びるようになった背景には、急速な社会状況の変化がある。具体的には情報化や国際化などの著しい発展、環境問題やエネルギー問題などの先行き不透明な課題、または少子高齢化への対応など社会変化や課題に立ち向かい、これからの社会を生き抜くためには、自分で解決しながら行動するたくましい人間像が期待されたのである。

　また教育の分野からも、従来の系統的で画一的な注入主義による教育が限界にきているとの指摘を受け、子どもたちが自ら学び、自ら考える力の育成をめざすことや、生涯学習社会を見すえ、学び続ける姿勢の基礎を学ぶことの必要などが主張されていた。同時に、各学校の特色ある教育活動を支援する試みや、学校と地域の連携などが注目され、画一化から個性化への動きに拍車がかかっていたためとも言える。

　このような変化と期待の中で21世紀を目前にした1996（平成8）年、中央教育審議会の答申に「生きる力」の育成が示された。同答申では、「生きる力」は全人的な力、人間としての実践力、生きていくための知恵とされ、次に示す三つの側面からとらえられると説明されている。

① 知育の面からは、いかに社会が変化しようと、自分で課題を見つけ、自ら学び、自ら考え、主体的に判断し、行動し、よりよく問題を解決する資質や能力。
② 徳育の面からは、自らを律しつつ、他人とともに協調し、他人を思いやる心や感動する心などの豊かな人間性。
③ 体育の面からは、たくましく生きるために健康と体力。

　これらの各側面をバランスよく育成することが重要とされている。従来の学校教育は、点数化された学力や資質として知的側面のみを意識しがちであった。だが、ここで示されたこの三側面は、日常生活と結び付いた実践的な能力をめざしていると言えよう。
　この「生きる力」は、単に知識を記憶しておくということではなく、初めて遭遇するような場面や出来事でも、自分で考え、判断し、前に進んでいけるような資質や能力のことである。つまり、主体的な問題解決が実践できるような力量や、生きて働く知恵の総体ということになる。従来の文化遺産的な知識の伝授を主たる目的とした教育から、知恵を活用する教育への転換を示唆している。「何を学ぶか」と同時に、「どう学ぶか」、「学んだものをどう生かすか」、という過程や実践力にも十分な配慮が求められるのである。
　教育方法学の視点から「生きる力」を見ると、同概念が示す資質や能力は、どのような方法で育成できるのかということが課題となる。日本の伝統的な教育方法の系統学習は、知識の伝授には向いているが、学習者が直面する課題や壁を乗り越えるような実践力を育成するには不向きである。また問題解決学習は、主体的な活動に学び方や解決の手段を扱うことができるが、解決に必要な基礎的な知識を十分に育成することができない。このような長所・短所を認識すると、扱う教材や周辺の環境に応じて、多様な教育方法による学習が必要となってくることが理解で

第1部　教育方法の理論

きる。

　予測不能な未来社会を切り開くには、「生きる力」の育成が必須である。そのためには、時代の状況に適合した教育課程・育成すべき資質や能力の方向・学習指導の方法の検討などが求められる。

　教育は社会を離れては存在せず、その意味で、学校の教育課程も社会と連携や関係付ける必要がある。教育の目標を社会と共有した上で、教育課程の作成に臨む姿勢が大切となる。これからの社会を築く子どもが、社会と向き合い、道を切り開いていくために必要となる資質・能力とは何かを教育課程においても明確化することが求められる。このような「社会に開かれた教育課程」の実現こそが、子どもの可能性を伸ばし、学校のあり方を方向付けるはずである。

　では、これからの子どもに「生きる力」を育むため、育成を目指す資質・能力とは、どのようなものであろうか。2017（平成29）年の学習指導要領では、次の三点を柱としている。

　①　何を理解しているか、何ができるか（生きて働く「知識・技能」の習得）
　②　理解していること・できることをどう使うか（未知の状況にも対応できる「思考力・判断力・表現力等」の育成）
　③　どのように社会・世界と関わり、よいより人生を送るか（学びを人生や社会に生かそうとする「学びに向かう力・人間性等」の涵養）

　これら三点は相互に関連付けられ、「生きる力」の要素である「確かな学力・健やかな体・豊かな心」を総合的にとらえて構造化している。また、学習指導要領における各教科の目標（三点）も、この三点にそれぞれ対応している。

　ここに示した資質・能力の育成を目標とした場合、必然的にそれらに

適した学習指導の方法が必要となる。そこで着目を浴びたのが、高等教育段階で導入が試みられていたアクティブ・ラーニングである。この用語は、学習指導要領の改訂に伴い、「主体的・対話的で深い学び」と言いかえられるようになり、教育方法を考える視点として定着してきた。

次に、この「主体的・対話的で深い学び」の各語の中身を分析しておく。

　○ 「主体的（な学び）」…学ぶことに興味や関心を持ち、自己のキャリア形成の方向と関連付けながら、見通しを持って粘り強く取り組み、自己の学習活動を振り返って次につなげる学び。
　○ 「対話的（な学び）」…子ども同士の協働、教職員や地域の人との対話、先哲の考え方を手掛かりに考えること等を通じ、自己の考えを広げ深める学び。
　○ 「深い学び」…習得・活用・探究という学びの過程の中で、各教科等の特質に応じた「見方・考え方」を働かせながら、知識を相互に関連付けてより深く理解したり、情報を精査して考えを形成したり、問題を見出して解決策を考えたり、思いや考えを基に創造したりすることに向かう学び。

このように能動的に学びに向かう姿勢という意味合いが強い。子どもに対して、その姿勢を育んだり、動機付けたりするのが教師の責務となる。もちろん、この学びを実現させるには、先に触れた育成を目指す三つの資質・能力が関係している。

2　基礎・基本と個性

現在、学校教育においては、基礎・基本の徹底と個性尊重の教育がめざされている。この二つの方向は、1977（昭和52）年の学習指導要領の改訂あたりから、注目を集め始めた。当時の学校は、学歴偏重・受験戦

争・偏差値至上主義などの問題を抱えており、それまでの系統学習による詰め込み型の教育方法が岐路に立たされていたと言える。そこで、学校教育の内容を基礎的・基本的な内容に精選し、目的として個性尊重という理念を掲げた。その後、教育課程の改訂のたびに、改善のねらいや基礎理念の一つとして、基礎・基本と個性が掲げられている。

　まずこれらの概念が生まれた背景に触れる必要がある。昭和40年代までの教育は、多くの文化遺産の伝授が中心の画一的な注入教育であった。その教育が高度成長を支えたのであるが、世界に追いついた日本に求められるのは、国際競争に打ち勝つ個性的な発想や創造力であった。それらの育成には、知識を伝授する教育だけでは無理である。そこで、発想や創造の源となる個性を重視した教育が求められたのである。多くの文化遺産を詰め込む教育を改め、扱う内容を基礎的・基本的な事項に精選し、同時に個性尊重の理念も加味した。だが実際には、昭和期のうちは、学習者を選別する受験制度・偏差値などが影響して、理念として意識されるにとどまった。その後、平成期になると、学校教育に対する認識の変化、多様化する価値観などの影響により、基礎・基本と個性という理念が定着してきたと言える。

　基礎・基本と個性は、理念としては理解できるが、それらの意味付けが明確に示されていないため、曖昧さが残ってしまう。まずは、現在の学校教育との関連を視野に入れた明確な意味付けが求められる。

　まず前者の基礎・基本であるが、一般的には基礎学力とも表現される読み・書き・計算と国民的教養と解釈できる。しかし、理数分野に限らず各教科には基礎的な定理や原則があり、それらも基礎・基本に違いない。そしてまた、時代の変化とともに新しい発見や体系が確立され、それらも教科や文化遺産の基礎・基本として、学校教育で扱われている場合もある。つまり、基礎・基本は増え続けているのである。各教科の限

られた授業時間の中で、このような基礎・基本をすべて扱うことはできない。必然的に学習者が習得すべき知識や技術などの精選が求められる。

その精選の基準としては、重要性（本質的であり大切なもの）、転移性（他への応用性のあるもの）、生産性（他の知識や方法を導くもの）などの要素が大切と指摘されている。こうして選ばれた教科内容を、教材の系統性と子どもの発達段階などを考慮して配列することにより、教科内容の順次性も生まれてくるはずである。基礎・基本の理念とは、精選された系統的な教育内容を子どもに授けることにもあると考えられる。

後者の個性という概念も、国語辞典的な定義は存在するが、個々人により解釈も異なっており、明確な方向付けは難しい。学校教育が理念として掲げる個性の尊重は、個々人の良さや持ち味の伸長であり、決して新しいものではない。多様な価値を認める時代となり、新たに認識し直されたと言えるだろう。制度の面からは、特色ある学校や多様な授業作り、総合的な学習の時間の導入などが進み、子どもの興味や関心に対応することが可能となり、個性を意識する場面が増えた。個性の尊重という方向が、学校における子どもの主体的な活動の機会を保障したとも考えられる。

個性の伸長には、同調・依存・模倣などから、自ら考え、判断し、実践するという主体的な体験が必要となる。そこで学校教育では、従来の画一的・同一的な教育から個に応じる教育へと転換を進めた。教育方法でも系統的な知識を伝授する形態から、学習者の課題解決やその過程を大切にする形態へウエイトを移し、要求に応えようとしている。学校教育の主役を、教師や教材から子どもに移す意味合いで、個性の尊重が叫ばれる場面もある。このような動きの背景には、画一的な平等主義への

第1部　教育方法の理論

批判が存在していると言える。

　だが、個性の尊重が弊害をもたらす場合も少なくない。個性のみならず、子ども自身の過度な尊重が、基礎学力の低下だけでなく、モラルの低下をもたらすと指摘されている。また、個性化を個人差とほぼ同義にとらえ、過度な習熟度別の授業に結び付ける実践なども存在している。

　基礎・基本と個性がセットで論じられる時、必ず問題となるのが、それらの両立が可能であるかという問題である。教育方法の視点から言及すれば、基礎・基本は系統学習に、個性は問題解決学習に負うところが大きいのである。この二つの教育方法が、相反するような理念と形態を持つのは周知の通りである。教育現場でも、基礎・基本と個性の両立に疑問を抱く声がある。基礎・基本の徹底は、注入主義の教育を生み、個性の尊重の徹底は、学力低下を生み出すという印象である。

　しかし、社会生活の中で人間の個性は、社会的常識や共通教養の上に成り立つはずである。身勝手で自己中心的な言動を繰り返す人を、決して個性的とは呼ばない。個性の伸長のためには、基礎・基本としての常識と教養がベースとなる必要があり、同時に社会性や協調性なども備えることが望まれる。基礎・基本が欠落していては、個性は伸長できない。言い換えれば、基礎・基本だけでは自己の特性や資質を伸ばすことができないが、個性だけでは人間としての常識や教養が身に付かない。両者が両立しなければ、これからの社会生活を生き抜く力は伸びないと言える。

　学校では、基礎・基本と個性の両立を通して、「生きる力」の育成をめざしている。だが、そこには前述のように教育方法の課題が存在する。教師は、教育方法に関して十分な認識を持ち、場面や単元などに適合した教育方法の選択と組み合わせを意識する必要があると言えよう。

3　総合的な学習の時間

　総合的な学習の時間は、1998（平成10）年版の学習指導要領により新設された。現在、多くの実践が展開されて、一定の成果が見られる一方、ゆとり教育や学力低下に象徴される役割を果たしたとして批判も受けている。この時間が生まれた背景には、知識を一方的に教え込む教育から、自ら学び自ら考える教育への教育観の転換がある。社会の急速な変化に柔軟に対応できる人間の育成には、知識の注入よりも、主体的な活動のほうが有益であるという意識が働いたのである。総合的な学習の時間には、「生きる力」の育成や、現代社会の国際化・情報化・環境・福祉などの課題を扱い問題解決力を育むことが意図されている。

　2017（平成29）年版の学習指導要領によると、総合的な学習の時間の目標は、次の通りである。

　　　探究的な見方・考え方を働かせ、横断的・総合的な学習を行うことを通して、よりよく課題を解決し、自己の生き方を考えていくための資質・能力を次のとおり育成することを目指す。
　　(1)　探究的な学習の過程において、課題の解決に必要な知識及び技能を身に付け、課題に関わる概念を形成し、探究的な学習のよさを理解するようにする。
　　(2)　実社会や実生活の中から問いを見いだし、自分で課題を立て、情報を集め、整理・分析して、まとめ・表現することができるようにする。
　　(3)　探究的な学習に主体的・協働的に取り組むとともに、互いのよさを生かしながら、積極的に社会に参画しようとする態度を養う。

　これらの目標には、教育観の転換を意識して、問題解決力の育成、学び方や考え方の習得、主体的・創造的に取り組む態度、自己の生き方の

検討、知の総合化などが含まれている。

　目標を実現させるためには、各学校の創意工夫を生かした横断的・総合的な学習活動が必要となる。地域性や特殊性などを加味した題材を提供することによって、子どもに地域との一体感などを育成することも可能であろう。具体的には見学や観察、その上での生産活動への参加や地域問題の課題解決などが題材として選択されることになる。そこには全国的に統一された系統的で画一的な教育内容の配列はなじまない。個性的な題材により、学習者個々人の主体的な活動が基礎となる。

　また他教科の学習とは異なり、知識や技能の習得を目的としない総合的な学習の時間は、学び方や調べ方などの社会生活に必須の力を育もうとする側面もある。それらが身に付けば、問題解決や探究活動に主体的に取り組むことも可能となり、自身の生き方や進路も自ら考えることができるであろう。このような方向こそが、「生きる力」の育成に大きくかかわっていると考えられる。

　知の総合化という側面でも、学校に新しい風を吹き込んだ。従来、学校では各教科間の関連がそれほど強く意識されておらず、文化遺産的な知識を教科という枠で区切って、縦割りの状態で学習者に提供してきた。そのため学習者は、各教科の内容をそれぞれ独立したものとして把握し、相互の関連を見抜きにくい傾向があった。総合的な学習の時間の導入により、各教科で得られた知識や技能の関連付けが可能となり、知が総合化され、「生きる力」の育成に寄与することが期待されている。また、教科との関連を視野に入れるということは、総合的な学習の時間で扱う題材の系統性も必然的に意識されることになるだろう。この時間は、とかく無軌道になりがちという批判を受けるが、各教科との相互関連を重視した年間指導計画が作成されていれば、有益な活用が見込める。事実、優れた実践も少なくない。

第4章　日本の教育課題と教育方法

　教育方法の観点からは、総合的な学習の時間は、経験を通して発達するという経験主義の学習理論に立脚していることが理解できる。実践では、子どもの活動や調査などを中心にした問題解決学習が用いられる。そこで課題となるのが、やはり基礎学力の低下と扱う題材の系統性である。題材の系統性の問題は、各教科との相互関連や指導者側の年間指導計画で乗り切れるはずである。基礎学力の低下に関しては、学力観に関わる問題と言える。文化遺産的な知識や素早い計算能力などを学力と見た場合には、確かに低下すると思われる。しかし、自ら学び、自ら考える力を学力と考えた場合には、この時間でこそ学力の育成が可能となると考えられる。教科で得た知識と、この時間での主体的な問題解決が融合して、「生きる力」を育成できるのではないだろうか。

主な参考文献
　日本教育方法学会編『教育課程・方法の改革』明治図書　1999年
　寺尾慎一編『生活科・総合的学習重要用語300の基礎知識』明治図書　1999年
　日本教育方法学会編『総合的学習と教科の基礎・基本』図書文化　2000年
　加藤幸次・高浦勝義『学力低下論批判』黎明書房　2001年
　安藤輝次『ポートフォリオで総合的な学習を創る』図書文化　2001年
　日本教育方法学会編『学力観の再検討と授業改革』明治図書　2001年
　日本教科教育学会編『新しい教育課程の構造』教育出版　2001年
　末政公徳・富村誠『総合的な学習－演習編』建帛社　2001年
　高階玲治編『講座　総合的学習と学力づくり』（全5巻）明治図書　2001年
　安彦忠彦・新井郁男他編『新版　現代学校教育大事典』ぎょうせい　2002年
　多田俊文編『教育の方法と技術　改訂版』学芸図書　2003年
　柴田義松『「読書算」はなぜ基礎学力か』明治図書　2003年
　日本教育方法学会編『現代教育方法事典』図書文化　2004年
　加藤幸次監修『学力向上をめざす個に応じた指導の理論』黎明書房　2004年
　田中俊也『教育の方法と技術』ナカニシヤ出版　2017年
　教職課程研究会編『改訂版　教育の方法と技術』実教出版　2018年
　篠原正典・荒木寿友編著『教育の方法と技術』ミネルヴァ書房　2018年
　渡部淳『教育の方法・技術論』弘文堂　2019年

第1部　教育方法の理論

第5章　情報化時代への対応

1　情報化の影響

　情報化の急激な進展は、我々の環境と生活を大きく変化させている。モバイル端末をはじめ情報通信機器に接しない生活は、もはや考えられなくなっている。この背景には、ICT（Information and Communication Technology）の発展により、複雑な操作や知識がなくとも、情報化社会の恩恵を受けることが可能となったという側面もあるだろう。今日の情報化社会の中核をなしているのが、インターネットである。インターネットはテレビ・携帯電話・パソコン・家電などをネットワーク化する機能を持ち、誰もが意識せずに活用できるメディアとなっている。

　日常生活においても、調べたいことや疑問点などは、インターネットを活用し、すぐに情報を集めることもできる。友人への連絡なども、先方の都合や時差などを気にせずに、世界中のどこにでも即時にメールなどで行える。ネットワークの活用では、外出先から自宅の家電製品を操作したり、自分の主張や意見を世界中に発信したりすることもたやすい。もちろん、インターネットは、ビジネスの世界でも欠くことができず、グローバルでスピーディな事業展開などを可能とした。

　しかし、このようなインターネット等の通信技術の急速な発達は、多くの課題も新たにもたらした。例えば、コミュニケーションの形態を変化させたことなどがある。直接相手と向き合う場面や言葉による伝達が減り、ネット上でのメッセージや文字による伝達が増えた。そのため、人間関係の希薄さや、相手の心情に配慮した言動の欠如といった人間形

成上の問題が指摘されるようになってきている。またインターネット上に流れる情報には、悪意に満ちた虚偽のものや信頼性に欠けるものなども存在している。同時に、ネットを活用できる人とできない人の間に情報格差が生じることもある。

　学校教育においても情報化の影響は計り知れない。パソコンに代表される情報通信機器が、情報の迅速かつ的確な伝達手段であると同時に、問題解決の道具であることは誰も疑わないだろう。情報通信機器は、総合的な学習の時間などの問題解決過程では、必要不可欠な教具となっている。また教師が活用する教材も情報化が進んでいる。それらは短時間に効率よく授業を展開できるように工夫されたものが多く、大いに活用されている。もちろん、家庭との連絡や学校の情報発信などにも有益であり、企業などに比べて比較的遅れたと言われる学校の情報化も、ここ数年は、十分な展開が見られる。

　この情報化の波は学校に様々な変化をもたらした。教育の目標として、情報化社会を生きる資質の育成が、掲げられるようになった。この資質は、健全な情報活用能力などと表現されるが、単に情報機器を操作できるだけでなく、情報を収集・取捨選択・活用・発信できるような能力を指している。従前の学校教育では、限られた視聴覚資料や統計資料を使う能力が問われたが、今後は無尽蔵の大量の情報の中から、必要な情報を取り出し、活用することが求められる。それらの情報の中には、悪意に満ちたものもあることから、情報の本質を見極める力も必要となってくる。学習者が自らの問題解決の手段として情報通信機器を活用するには、様々な力が必要であり、学校においてはその力を育成することが求められるようになっているのである。

　授業における教師の指導過程にも情報化の影響は大きい。高い教育効果を期待し、教師が情報通信機器を駆使しながら、教材提供や授業の進

め方に工夫を凝らすという活用もある。この分野でも、優れた教材なども開発されており、多くの先駆的実践が積み重ねられている。だが、これらの教材活用や実践には、教師自身の情報活用能力や機器を活用した指導実践力が問われ、活用できる教師とできない教師との間の格差も存在する。また理論的・実践的な蓄積が十分ではないという点も指摘されている。

　学習者個々人の問題解決を展開するために、情報や通信機器を活用することは、生きる上で必須の条件である。社会で必要な力を育成する場が学校である以上、情報化への対応は避けられないばかりか、現在では、子どもに情報活用能力を育成することが学校の一つの使命にもなっている。情報活用能力は、まさに「生きる力」の一部に他ならず、それを伸ばす教育実践が求められている。

2　情報化対応への流れ

　我が国の情報教育の流れは、学校におけるコンピュータ利用の教育を始まりとしている。昭和50年代に始まるこの教育は、コンピュータ自体についての理解、その操作技術の習得とプログラミングなどが中心となっていた。しかし近年、コンピュータと社会生活の関係や影響、プライバシーや著作権などの課題が意識され、同時に子どもの問題解決力の育成などが主張されると、急速な変化を見せる。コンピュータ自体や活用のみの学習では、情報化社会を生きる資質や情報を扱う力は培えない。将来的な展望に立脚した理論と実践の必要性が求められてくるようになったのである。

　情報教育ということが強く意識されるようになったのは、1984（昭和59）年に設置された臨時教育審議会の答申がきっかけである。1985（昭和60）年6月の第一次答申で、情報化社会に適応した教育のあり方とし

第5章　情報化時代への対応

て、情報科学や技術の成果の導入を求め、情報を主体的な選択で使いこなす力の育成に言及した。翌年4月の第二次答申では、個人が情報及び情報手段を主体的に選択し活用していくための基礎的な資質として、情報活用能力の育成を求めた。それと関連して、情報手段の活用による学校活性化・情報モラルの確立・情報化の光と影などについても配慮を示唆した。

　この臨時教育審議会の答申を受けて、情報教育の内容は、次の4点に整理された。

① 情報の判断、選択、整理、処理能力及び新たな情報の創造、伝達能力。
② 情報化社会の特質、情報化の社会や人間に対する影響の理解。
③ 情報の重要性の認識、情報に対する責任感。
④ 情報科学の基礎及び情報手段（特にコンピュータ）の特徴の理解、基礎的な操作能力の習得。

情報教育とは、このように情報化社会において、機器を扱いながら自在に情報の受信・発信などができ、情報に対するモラルや責任も認識し、主体的に社会を生き抜く力の育成を意識するということになる。これらが整理され、文部科学省の『情報教育の実践と学校の情報化～新「情報教育に関する手引」～』（2002年）などにおいて、情報活用能力は、情報活用の実践力・情報の科学的な理解・情報社会に参画する態度と定義されるに至った。

　平成期の学習指導要領では、各教科内で情報教育を盛り込むだけでなく、様々な形での情報化対応を意識している。小学校の総合的な学習の時間では、情報手段に慣れ親しみ適切に活用する学習活動の展開、中学校では情報手段の積極的な活用を求めた。また高等学校では、教科としての情報科を設け、情報および情報技術を活用するための知識と技能を

習得させ、情報に関する科学的な見方や考え方を養うようにした。小中学校では、情報を問題解決の手段として、高等学校では、小中学校での学習の上に、情報という分野にも系統性を持たせ、情報自体や機器、そして情報化社会自体についての認識も深めようとしている。各学校段階を通じて、社会の中で情報及び情報技術が果たしている役割や影響を理解させ、社会の情報化の進展に主体的に対応できる能力と態度の育成が目指されている。

現場に対する具体的政策も急速に展開している。政府は2000（平成12）年に、IT（Information Technology）基本戦略を示し、IT教育体制の強化をめざした。その一環として、「ミレニアムプロジェクト――学校教育の情報化」を打ち出した。これは、2005（平成17）年度までにすべての公立学校に、インターネットに接続されたコンピュータを配置し、すべての授業で活用できるように整備する計画である。これらの政策に伴い、学校でのコンピュータ設置状況は、急速に早まったと言える。

その後、文部科学省により「教育の情報化に関する手引」（2010年）が作成され、教育現場の情報化が避けては通れない課題と認識された。この手引において「教育の情報化」とは、文部科学省が教育の質の向上を目指して実施する取り組みの一つと位置付けられ、「情報教育」「教科指導におけるICT活用」「校務の情報化」を三つの柱とすると説明されている。ここでは、教師や学校を視野に入れた取り組みを求めている。

ここ数年、十分とは言えないが、情報教育をめぐる実践的な成果もしだいに生まれてきている。しかし、比較的新しい分野であるため、旧来の教育方法理論の応用などが十分ではなく、まだまだ発展途上の段階にあることも確かである。また、日進月歩の技術と関係するため、機器が目まぐるしく変化しており、過去の実践が現在そして未来の実践へと、発展的継承が望めないような面もある。それと同時に、情報機器を使用

した授業を展開できる教員とできない教員、または意識の格差などが広がりつつあり、これらは、新しく生まれてきた課題と言えよう。

3 情報教育と情報活用能力

　情報教育のねらいは、学習者の情報活用能力を育成することにあると言える。旧来、情報教育は、機器自体の学習や操作、プログラムなどの習得が主たるねらいとされていた。だが、現在では『情報教育の実践と学校の情報化～新「情報教育に関する手引」～』で示されたように、情報活用の実践力・情報の科学的な理解・情報社会に参画する態度としての情報活用能力が強く意識されている。

　情報活用の実践力とは、課題や目的に応じて情報手段を適切に活用し情報を収集・取捨選択・加工・発信できる能力であり、情報の科学的な理解とは、情報を適切に扱い活用するための理論や方法の理解であり、情報社会に参画する態度とは、情報モラルや情報に対する責任感を含め情報社会に参加しようとする態度を意味している。これらは、学校のすべての教育課程において、培われることが望まれている。だが、各教科や特別活動などでは、必然的に領域や時間的な制約が生まれてくる。そこで、情報教育という視点からも注目されているのが、総合的な学習の時間の活用である。

　総合的な学習の時間は、教科の枠にとらわれない子どもの興味や問題を扱うことができる。学習指導方法として、問題解決学習が推奨され、子どもの主体的な問題解決が望まれている。問題解決には、必然的に問題に対する情報収集・情報の取捨選択・処理や判断・そして結論への道筋が必要となる。その際には、子どもの情報活用の実践力が育成され、かつ情報の科学的な理解も期待できる。また、場合によっては、各自の問題解決の成果を、加工・発信することもあるだろう。情報を発信する

ことは、その内容に責任を持ち、自ら情報社会に参画する態度の実現に他ならない。もちろん、旧来のように図書館での調査や、地域の人からの聞き取りなどを中心とした情報通信機器を活用しない問題解決の方法もある。その場合でも、情報を収集し、そして選択し、判断し、結論を導くという筋道をたどっており、学習者の情報活用能力を育成する過程に他ならないだろう。

　我々の日常生活と同じように、総合的な学習の時間などで触れる情報教育も主たる方向はコンピュータによるインターネットの活用にある。インターネットが、問題解決の情報収集・情報交換・成果の発信のすべての場面に関係することも珍しくない。情報を収集する際に、インターネットは強力な手助けをしてくれる。情報検索から情報の引き出しや加工まで、最新の情報から過去の分析まで、あらゆる要求に応えてくれる。また技術の進歩により、インターネットは情報交換やコミュニケーションの手段としても地位を確立した。ホームページや掲示板、そして電子メールなどの文字のコミュニケーションから、現在では音声や映像を主体とした情報交換も可能である。その上、成果の発信に関しては、誰もが手軽に費用もほとんどかからずに試みることができる。問題解決の方法という面では、革新をもたらしたと言える。

　情報化の波は、機器を使った新しい教育の展開を出現させたという印象がある。確かに道具として機器の活用は、教育現場に新しい風を起こしている。しかし、情報活用能力は、子どもの主体的な問題解決学習で養われる問題解決力と大きな相違はないと思われる。両者ともに、情報を検索する能力・問題を解決する能力・コミュニケーション能力を重視する。相違点は、従前の問題解決学習では、情報通信機器の操作や、情報の発信を強く意識していなかったことくらいだろう。能力の育成方法やその過程は、ほぼ同じ方向を示していると言えるだろう。

4 情報教育の課題と対応

　情報教育は、子どもの個性や主体的な問題解決に大いに役立ち、また教師の指導にも革新的な変化をもたらす。しかし、課題も決して少なくない。情報教育という言葉を、初めて公的な形で示した臨時教育審議会の第二次答申でも、豊かな人間性の育成を阻害する可能性があるとして、情報吸収の上滑り・情報への過度の依存・間接体験の肥大化・情報犯罪の四点を短所として指摘した。その後も人間関係の希薄化・具体的体験の不足・心身の健康に対する悪影響などが、常に指摘されてきた。

　教育現場や教師の側からは、コンピュータのハードやソフトが不足している点・教員間の技術と意識に格差がある点・教育目的との関係が不明確な点などが指摘され続けている。調べ学習や問題解決の過程で、パソコンによる情報収集は、子どもの意識や興味を散漫にするという教師の実感などもある。また近年では、ネット上を流れる有害情報などが社会問題化している関係で、インターネットの活用に警戒心もある。このように、情報機器を扱う教育は、旧来の教材や教具による教育と同じレベルの信用性は得られていない側面もある。

　情報モラルという視点からも課題は残る。ネット上のデジタル情報は、簡単にコピーできる。そのため、著作権の法律に抵触するような情報の加工や発信も容易に可能となる。現在では、大容量の情報も瞬時にやりとりができるため、文字情報だけでなく、映像や音楽データなどの不法な複製も問題となっている。またネット上では、匿名性が高く、他人を中傷するような行為も後を絶たない。個人情報を保護する視点や、ネット上の自己責任ということも認識しておかなければ、真のインターネット活用は難しいとも言える。

　以上のようなことは、学校だけでなく日常生活においても課題となっている。課題も多いが、情報化の恩恵はそれ以上にあるだろう。今後は

ますますあらゆるモノがネットにつながるIoT（Internet of Things）社会に向けて、進歩していくはずである。言うまでもなく、情報化に対応することは、今後の社会を生きる上で必須の条件である。今後、学校でもますます情報教育として、情報社会を生き抜く力の育成に力を注ぐことになるだろう。

　情報化への対応は、一人の教師が進めれば可能となるものではない。情報教育の理論や情報機器を活用する意義などの理論的検討がまず求められる。教育の目標に、情報という概念を意識するようになった現在、情報教育に対する理論が、具体的な方法や内容などを決める上でも必要となる。方向が明確に示されなければ、現実の対処は難しい。子どもの発達段階によっては、直接体験と間接体験の受け止め方も異なり、コンピュータの画面上などだけでは教育効果を得られない場合もある。また、情報機器などを活用することが学校の年間目標や計画に、どのように関係するかなどの考察も求められる。総合的な学習の時間などにおいても、情報や情報機器に触れることだけが目的になってしまっては、情報教育の意味が半減する。

　実践の場面でも情報化への対応を深化させる必要がある。過去の教育実践の積み重ねや踏襲が新しい実践を生み、方向性を示すだろう。現在では、情報化の特質である交流や発信を通して、多くの実践がネット上などで紹介されている。それらの実践と理論の結合も大切であり、理論的裏付けが、実践の意味をより一層深めると言える。

　情報化の波は、旧来の学校文化を打破する可能性を有している。一つの結論ではなく異論を認め合うような方向、主体的に学ぶ姿勢、他者との交流の形態、興味が次々に広がる問題解決学習とその過程などで新たな息吹を感じる。学習者の心情の面でも、わかった・理解したという感覚だけでなく、自分でできたという達成感も得られることになるだろ

う。情報教育は、画一的で知識を大切にしてきた学校に、問題解決と主体的な活動を大切にした教育の価値を認めさせることになっている。

　学力観にも変化をもたらしていると言える。従来、社会が求める学力と学校教育で付く学力との間には差がある、と言われてきていた。情報教育には、両者を同じ方向に導く可能性も感じられる。「生きる力」としての情報活用能力や生きる姿勢の育成は、これからの学力として、社会が求め、学校が育成するものであろう。

　情報化は確かに、子どもの主体性を尊重する問題解決学習による教育を示唆しているが、同時に教師の側の効率化も示唆している。教材提示や基礎・基本の徹底などにも、機器の導入は進められている。旧来の情報提示の手段である板書や掲示物などが、デジタル化により、大画面に瞬時に映し出されることも日常的に行われている。教師間でデジタル教材が共有されることにより、優れた実践の教材がすぐに手に入ることなどもメリットである。

　また、情報通信技術の発達は、各学校の個性的な経営方針や地域特殊性の生かし方などの創意工夫を周知するために発信することを可能とした。学校の情報発信は、家庭や地域との結び付きを、より強固なものにするだろう。行事や公開授業の紹介などだけでなく、総合的な学習の時間の成果の報告も、数多く進められている。

　このように情報通信機器の発達は、教育の分野においても、無限の可能性を有している。数年前までは夢のように思われていた技術が、実現されることも多々ある。それらを学校に応用すれば、授業の形態も変化するかもしれない。もちろん近視眼的な情報教育は警戒する必要があるが、個々人の特性を伸ばすという視点からは、情報化は教育の方向性を示す一つの要素を提供していると言えるだろう。

第1部　教育方法の理論

主な参考文献
　板東慧『2020年―情報社会と教育改革』頸草書房　2000年
　西之園晴夫編『情報教育―重要用語300の基礎知識』明治図書　2001年
　坂元昂監修『教育メディア科学』オーム社　2001年
　井上志朗『21世紀の学校のＩＴ革命』高陵社出版　2001年
　古藤泰弘・清水康敬他編『［教育の情報化］用語辞典』学文社　2002年
　水越敏行編著『メディアとコミュニケーションの教育』日本文教出版　2002年
　福田哲男『小学校　教師と児童のパソコンデビュー』工学図書　2002年
　全国教育研究所連盟編『学校を開くeラーニング』ぎょうせい　2004年
　山口榮一『視聴覚メディアと教育』玉川大学出版部　2004年
　日本教育方法学会編『現代教育方法事典』図書文化　2004年
　水越敏行・生田孝至『これからの情報とメディアの教育』図書文化　2005年
　大橋有弘『情報教育概論』東京デザイン出版　2006年
　原克彦・前田康裕監修『情報モラルの授業』日本標準　2017年
　教職課程研究会編『改訂版　教育の方法と技術』実教出版　2018年
　稲垣忠『教育の方法と技術』北大路書房　2019年
　堀田龍也編著『情報社会を支える教師になるための教育の方法と技術』三省堂
　　2019年
　樋口直宏編著『教育の方法と技術』ミネルヴァ書房　2019年

第2部　教育方法の実践

　学校の目的は、子どもの健全な人格形成であると言える。その目的を達成するために、最も多くの時間と重要な役割を担うのが授業であろう。授業をいかに展開し、子どもの人格形成に寄与するかが、教育方法学の主たる実践的な課題である。

　実際に授業を組み立てるには、様々な要素が関与する。例えば、教材の系統や提供する手順、学習者の発達段階や興味などが挙げられる。また、授業時には、教材提供・板書・発問の方法や順序などが課題となる。教師にとっては、いかに授業を効果的に展開し、目的に導くかが常に問われている。なぜなら、授業は学習者の発達を保障する営みでなければならないからである。

　授業を実際に計画し実践するのは教師であり、教師の力量は授業の善し悪しで判断される場合もある。ではその力量はどこから生まれるのだろうか。授業に対する認識・教材研究・学習指導案・教育技術など多くのものが関与しているはずである。また力量を上げるため、教師は絶えず自分の授業実践を反省し、次を計画し、そして実践を繰り返す必要がある。地道な努力と積み重ねが、力量の向上に結び付いていることにも留意しておかねばならない。

　第2部では、教育現場での教育実践の展開に焦点をあて、授業を組み立て実践できる資質と能力の育成をめざす。

第2部　教育方法の実践

第1章　授業とは何か

1　授業の概念

　授業は、学校教育の目的を達成するための最も基本的な実践形態である。この授業において、学習者は知識や技能を習得し、自らの人格を発達させていくのである。

　授業は、教師と学習者の相互作用によって成立することは言うまでもない。教師の指導や教育内容が、学習者に何の変化も与えない場合は、授業としての意味はなくなってしまう。例えば、一つの授業時間中に、学習者の知識の習得や認識の再編がなされなければ、それは授業ではない。教師の「教」のみが存在し、学習者の「育」が欠落しているのである。この場合は、相互作用が見られず、教師側からの一方通行的な教授に過ぎない。

　学習者の側から見れば、一つの授業時間の中で、「ふ〜ん、なるほど！」、「そうか！」、「へぇ〜！」などという実感が生まれてこそ、授業なのである。教師の指導や具体的な「発問」・「指示」などで知識が得られ、認識が変化してこそ授業なのである。

　教師は、学習者に前述のような感覚を得させるために、教材を工夫し、授業の構成などを検討するのである。これらの感覚が、学習者の人格形成の基礎を固めて、教育の目的に結び付いていく。つまり授業において、これらの感覚を学習者に持たせることが、教師の責務と言えよう。授業に対する工夫を怠り、学習者に変化を与えない教師は、学習者に対する責任を果たしていないのである。授業は、教師の働きかけに呼

応して、学習者の活動が生起して成立する。教師と学習者が共に作り上げていくものであり、一体となって、相互に働きかける協同作業なのである。

　また授業は、教師側から見れば、教育の目的や各教科の目標などを視野に入れた計画的・意図的な営みという側面も有している。まさに学習者の人格形成の一翼を担うものにほかならない。この意識を持ち続ければ、学習者の主体的な学習を保障するための工夫や環境整備も大切であることが理解できる。授業が楽しく、教室が子どもの居場所として有益であることが求められる。具体的には、授業時のつまずきや異論を認め合うような雰囲気作りや、教師との信頼関係の構築などが望まれるだろう。

　このように考えてみると、かつてのように一般的な概念や知識を注入する授業は、真の授業とは呼べない面も存在したとも考えられる。学習者の人格の発達に寄与せず、単なる受験知識や計算能力などだけを育成する時間は、授業ではなく訓練の域を出ていないのかもしれない。

2　授業の要素

　授業は、教師・学習者・教材の三つの要素から構成され、三者の相互作用により、成立している。なかでも教師の役割が非常に大きく、授業のイメージとして、一般的には教師主導で系統的に文化遺産や知識を注入する形態がまず思い浮かぶ。確かに現在でも、教師の比重は非常に大きいが、すべての場面で役割が集中しているわけではない。

　教師・学習者・教材の三者の関係は、それぞれに作用し合っている。学習者は、教師からも教材からも学ぶ。同様に教師は、学習者にも教材にも働きかけると同時に、学習者からも学ぶ。この相互作用の過程が、学習者から見れば学習過程であり、教師から見れば教授過程ということ

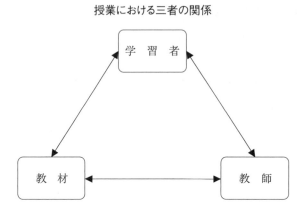

授業における三者の関係

になる。授業時の相互作用は、三者の間の循環だけではなく、学習者同士の間にも存在する。集団で成立する授業の中には、規律や相互依存の関係なども含まれており、まさに社会生活の場という側面も有している。また、ティーム・ティーチングなどの試みの際には、複数の教師との相互作用という場面もあり、授業は複雑な相互作用が絡み合っていると考えてよいだろう。

　これらの相互作用が、円滑にかつ効果的に機能するには、様々な条件を視野に入れる必要がある。本来、教師・学習者・教材は、それぞれ別の方向を向いていると言える。教師は、目的に対する希望を持っているが、学習者は独自の考え方や感じ方を有しており、教材はそれ自体で様々な要素を内包している。この三者三様の方向性を授業の場で、一体化させて、相互作用を生ませることが必要となる。そのために、教師は活用する教材について深い認識を有すると同時に、学習者を理解する必要がある。その上で教師には、授業時に直面する葛藤や衝突を利用して、学習者と教材の交流から、相互作用を展開させることが求められている。

　具体的な実践では、教師の意図する目標に近づけるために、いかに学習者にとって興味ある教材を提供できるか、学習者の興味をどのように引きつけるかなどが問われる。学習者の年齢によって、具体的題材や抽

象的題材の扱い方なども変化してくると思われる。また、学習者が行う実験や体験などの活動を通して、三者の相互作用を展開することなども考えられるだろう。いずれにしろ、教師の工夫が大切である。

3 授業の形態

　教育という営みには、個々人の個性を育成し人格形成を助けるという側面と、学習者の社会化を図るという側面がある。前者への対応は、学習の個別化、後者への対応は学習の集団化により達せられるのは周知の通りである。そのため、過去から現在にわたって多くの形態の授業が展開されてきている。学校における授業でも、個別と集団を組み合わせながら、学習者の発達を保障することが大切である。

　授業の一般的な形態としては、ある程度の人数に一斉に教える一斉学習、何人かのグループに分けて討議などを取り入れる小集団学習、個別に対応を展開する個別学習、討論や発表を中心に議論を展開するディベート学習などがある。これらの学習の形態には、それぞれ特色及び長所・短所があり、教育実践への応用には、それらの認識が大切である。以下に、それぞれの簡単な整理を試みる。

(1) 一斉学習

　一斉学習とは、一定の集団全員に対して、同一の時間に同一の内容を提供し、一斉に学習させる授業形態である。今日では、最も一般的な授業の形態であり、一斉授業・一斉指導とも呼ばれる。大学などでは、百名を超える一斉学習の授業も存在するが、初等中等教育段階では、学級を単位とする場面が一般的である。

　一斉学習では、一人の教師が多人数の学習者に、短時間に一定の知識を与えることが可能となる。この方法による教育は、明治期の欧米に追

第2部　教育方法の実践

いつけ追い越せ型や高度成長期の学校において展開され、短時間で効果的な学力の育成を成功させた。一斉学習の場合、教えるべき内容が、系統的な教材などの形で提供されることもあり、教師にとって比較的準備が容易である点、共通の学力を育成することが可能な点、試験などで学力の状況を簡単に把握できる点などが特徴として挙げられる。

　また子どもの社会化という側面から見ても、一斉学習は有益である。社会の一員としての資質の習得には、集団での教育活動は欠かせず、規範・義務・責任などを学ぶにも効果がある。学習者同士や教員との間に、相互作用が十分に展開できれば、学習を進める際にも、一人一人が自分の意見や解釈を出し合い、討論や分析を進めることによって、互いに個性を発揮し、高め合うことも可能となる。

　しかし、一斉学習は学習者の学習を画一化する危険性を常に内包している。教師側からの知識や技能の注入が主体となり、学習者の個性を無視して、自由な思考が妨げられ、押しつけの思考に結び付きやすい。主義や主張まで画一的に詰め込まれる危惧がある。そのため、自由な発想や個性の育成が困難になってしまう。同様に個人差に応じることが難しく、集団の学習速度に落ちこぼれてしまうと、再び追いつくためには非常に多くの努力を必要とする。かつて落ちこぼれを生んだ原因もここにある。

　その他にも一斉学習は、教室内の構造を一方的な伝達と監視の場に陥らせる点、教師と学習者の関係を固定的に捉える点、学習者の態度が受動的である点などが批判されている。

　学校という場は、一斉学習という授業形態と深く結び付いている。それは、学校は複数の学習者が同じ場所で同じ時を過ごすという性質と関係する。社会化のためにも集団での指導や生活は、必須である。しかし、画一的な思考への危惧や学習者主体の教育を考えた場合、一斉学習

は批判を浴びることになる。一斉学習においても、必要な場面で適時、小集団学習や個別学習の時間を加え、多彩な学習形態を試みる必要があると言えるだろう。

(2) 小集団学習

　一斉学習では、一方通行的な知識・技能の伝授に陥り、学習者が受け身となる。その欠点を補うには、学習者を少人数の集団にして、討議や作業を主体的に進める小集団学習（グループ学習とも呼ぶ）の形態も効果的である。学校での調べ学習や班行動学習などに応用されている。

　この学習形態の意義は、少人数であるために、学習者同士が気軽に討議や活動を試み、積極的な学習を進めることが可能となることである。もちろん、密接な人間関係も構築する必要から、集団内の相互作用も活発に行われ、学習者の人格形成にも寄与すると考えられる。集団内の意欲が高まれば、より難しい学習や課題などにも積極的に取り組む姿勢なども生まれてくるはずである。小集団学習は、単なる知識や技能の習得だけでなく、人間が成長する上での姿勢や意欲なども形成できる。

　だが少人数の形態を取れば、小集団学習の特色がすぐに機能するわけではない。教師の指導の道すじや集団内の意識が明確にならなければ、集団内では十分な思考や作業が展開できず、単なる雑談で時間を浪費してしまいかねない。一斉学習に比べて、明らかに無駄が多くなってしまうのである。ゆえに、小集団学習では、教師が集団内で行う作業や課題解決の方向を明確に示すこと、学習者に主体的にかつ相互に学ぶ意識と自覚を育むことなどが求められる。

　また小集団学習の陥りやすい点として、集団の中に指導力を発揮する学習者がいる場合、その者に依存しがちであり、他の学習者が自身の発言や分析などを十分に提供しない傾向がある。特定の者の意見が、小集

団の意見になるような場合は、小集団内での人格形成も望めない。別の点としては、他の集団との対立も生ずる。討論結果の食い違いによる対立が、人間関係の対立へと転化するような場面もないとは言えない。

　小集団学習は、他の学習形態と積極的に組み合わせて展開することが必要である。少人数での意見交換は、学習への姿勢にも変化をもたらし、また人格形成に積極的な影響を与えるはずである。教師の指導で学習者のやる気を起こさせれば、小集団学習は授業の活性化の手段として非常に有益である。

(3) 個別学習

　それぞれの学習者の興味や能力などに従って、個人のペースで進める学習の形態を個別学習と呼ぶ。近代学校制度が確立する前の寺子屋などでは、多くの学習者が集まっているにもかかわらず、師匠が一人一人を教える授業形態をとっており、個々人の興味や能力に応じていた。単に個別に一人で学習を進めさせるのではなく、学習者の個人差を考え、それに最も適するように課題や作業を提供する学習の仕方である。

　個別学習では、学習者個人に応じて学習が進められるため、教師は学習者の詳しい学習経過を認識することができる。学習の進行具合やつまずきなども把握でき、学習者に適切なタイミングで指導をすることが可能となる。学習者にとっても、自身の能力や適性に応じた学習が展開され、学習の経過や結果がすぐに見えるので、学習への動機付けや意欲が高くなると言える。

　一人の教師に対して一人の学習者という関係ならば、個別学習の長所は大きい。だが現実には、学校の学習集団は複数の同年代の学習者で構成されている。共通の学力を育てると同時に、社会化の必要に迫られている。個別学習のみで授業を展開した場合、社会性を身に付け、人間関

係を構築するような視点は見えてこない。また、興味や進行具合が先行するため、同年代の学習者に求められる共通の学力を育成することが困難である。これらの短所とは別に、教師が複数の学習者と個別学習を展開する場合は、教師の労力が過多になることも否定できない。個々人に対応するため、目標や教材、指導の原則なども個別となり、教師の負担は倍増するだろう。

　このような課題を持つ個別学習を徹底すると、学級集団としての学習管理が望めないばかりか、学級という組織の機能が失われてしまうだろう。そのため学校の授業において個別学習は、一斉学習の中で机間巡視の際や、放課後及び長期休暇期間などを利用した補習時に用いられる傾向がある。個別学習は、あくまでも一斉学習を補完し、個人により適した学習過程を創造しようとする試みなのである。

　情報通信機器の発達により、個別学習の可能性は大きく高まっている。情報通信機器を活用すれば、学習者の求めに応じて、学習の機会や内容を提供することが可能であり、学習者も主体的に興味あることを学べるだろう。しかし、学校においては、すべての学習を個別化したり、情報通信機器に頼ったりするのは現実的ではない。学習者同士の相互関係やコミュニケーションの教育的意義も忘れてはならないだろう。

(4)　ディベート

　ディベートとは、裁判に似た形式をとる討論方式の一つである。学習者の論理的思考力とコミュニケーション・スキルの訓練を目的としている。方法は、定められたルールに従い、対抗する二組が主題に対して肯定側・否定側に立って議論を展開し、第三者が審判者となり、勝敗を判定するという流れである。討論の仕方を学ぶ一種のゲームでもある。ちなみにディベートで扱われる題材は、「日本は自衛隊を海外に派遣すべ

きである」、「死刑制度は廃止すべきである」などのように一つの判断を述べた命題が選択される。

　言うまでもなく思考は、対立や異論のあるところで活性化する。授業における「発問」も同様に、学習者にゆさぶりをかけ、思考を深めている。ディベートでは、学習者を対立と異論の中に置くことによって、思考の活性化と同時に、論題に対する知識を深め、自身のコミュニケーション能力や表現力の向上をねらいとする。その過程では、人格形成と社会化も意識されていると言えるだろう。

　ディベートという学習形態が注目を集めるようになったのは、平成期に入り、系統的な知識を重視した教育から、表現力や思考力を育成する教育へと教育観が変化したことによる。平成期の学習指導要領の下で作られた小学国語や小学社会および中学公民などの複数の教科書には、討論の方法としてディベートが取り上げられている。また、総合的な学習の時間での活用も報告されている。

　ディベートは、学習者が積極的に討議や調査などに参加することによって、学習者の思考を深め、コミュニケーション能力を向上させることをめざしている。また問題解決力の育成や、ディベートの過程を学ぶことなども可能となる。しかし、一方で、優れた学習者に依存しがちという点、普遍的知識の育成が弱い点、勝ち負けが人間関係に及ぼす影響などについて課題も多い。自由に意見を述べ合うには、その前提として何でも自由に話し合えるような人間関係や学級経営も求められる。ディベートに対する関心は高いが、実際に体験した教師や指導できる教師が少ないということも危惧されている。まずは実践を蓄積し、成果を検証することが大切である。

学習形態の長所と短所

	一斉学習	小集団学習	個別学習	ディベート
長所	・短時間に知識を与えることができる ・準備が容易である ・共通の学力を育成することが可能 ・学習者の理解状況が試験などで把握できる ・学習者同士の相互教育作用もある	・学習者同士がうちとけ、発言しやすい ・集団内の相互教育作用もある ・難しい課題に取り組む姿勢も生む	・学習者の能力や興味に応じる ・教師が学習の過程を把握できる ・適切なタイミングで指導できる	・思考が活性化する ・論題に対する知識を深める ・コミュニケーション能力の向上 ・議論の過程を学ぶことも可能
短所	・学習の画一化をまねく ・自由な思考が妨げられる ・個性の育成が困難 ・落ちこぼれを生む	・動機付けが十分でないと機能しない ・優れた学習者に依存しがち ・他集団との対立をまねく危険性	・集団的な思考ができない ・同世代と共通の学力の育成が困難 ・社会性や人間関係の面で不安 ・教師の労力が過多	・普遍的知識を与えることが困難 ・優れた学習者に依存しがち ・勝ち負けが人間関係に悪影響を及ぼす

　以上、いくつかの授業形態について、その特色を整理してみた。もちろん授業は、何らかの形態を取りながら展開されている。授業を実践する教師には、各教科や内容により、学習者が主体的・意欲的・効率的に学ぶ形態を、その都度、選択し活用する能力が求められる。1時間の授業においても、形態を様々に変化させることなども必要となってくるだろう。
　具体的には、黒板や教材を使用しながら一斉に学習者に伝える場面、学習者の理解度を測るために個別作業や問題を与え机間巡視する場面、学習班などの集団で検討や調べ物をさせる場面などが考えられる。教師は、必要に応じて最適な形態を選択し、組み合わせて授業を実践することになるが、その際には、各授業形態の長所・短所の把握も欠くことができないはずである。

第 2 部　教育方法の実践

主な参考文献
　青木一・大槻健他編『現代教育学事典』労働旬報社　1988年
　横須賀薫編『授業研究用語辞典』教育出版　1990年
　日本教育方法学会編『いま、授業成立の原則を問う』明治図書　1993年
　恒吉宏典・深澤広明編『授業研究―重要用語300の基礎知識』明治図書　1999年
　柴田義松編『教育の方法と技術』学文社　2001年
　安彦忠彦・新井郁男他編『新版　現代学校教育大事典』ぎょうせい　2002年
　日本教育方法学会編『子ども参加の学校と授業改革』図書文化　2002年
　山崎英則・片上宗二『教育用語辞典』ミネルヴァ書房　2003年
　多田俊文編『教育の方法と技術　改訂版』学芸図書　2003年
　今野喜清・新井郁男他編『学校教育辞典』教育出版　2003年
　日本教育方法学会編『現代教育方法事典』図書文化　2004年
　梶田正巳『授業の知』有斐閣　2004年
　杉浦健『おいしい授業の作り方』ナカニシヤ出版　2005年
　金子光男・川口道朗・川瀬八洲夫『教育方法論　改訂版』酒井書店　2005年
　久保齋『一斉授業の復権』子どもの未来社　2005年
　山口榮一『授業のデザイン』玉川大学出版部　2005年
　久保齋『子どもを伸ばす一斉授業』小学館　2006年
　田中俊也『教育の方法と技術』ナカニシヤ出版　2017年
　教職課程研究会編『改訂版　教育の方法と技術』実教出版　2018年
　稲垣忠『教育の方法と技術』北大路書房　2019年
　田中耕治他『改訂版　新しい時代の教育方法』有斐閣　2019年

第2章　教材研究と学習指導案

1　授業の設計

　授業は、教材を媒介として、教師と学習者の間の相互関係によって成立し、学習者は、授業を通して主体的に、知識や技能を身に付ける。この時、授業の主役は学習者であり、教師は授業を演出する役目を担っていることになる。教師は、学習者の活動と人格形成を保障するため、十分な授業の計画と設計を試みる必要がある。

　授業を成立させる条件としては、授業展開の流れに対応して、「目標と計画」・「教材と教具」・「授業実践」・「評価」の四つがあると考えられる。もちろん、個々の教師の教授技術も大切だが、それだけでは望ましい授業には結び付かないだろう。授業の展開においても、「計画――実施――評価」の流れが必要である。

　最初に求められるのが、「目標と計画」である。授業の目標が明確に意識されれば、それに伴い教材や指導法、そして評価の基準までも決定できる。学習を通して「何ができるようにさせたいのか」、「どのような変化を起こさせたいのか」などの目標意識は、授業実践の意欲にも関係するのである。目標が明確ならば、必然的に計画も見えてくることになる。大きな目標の達成期限を置けば、それにたどり着くまでの小さな目標がいくつも設定できる。それら小さな目標も達成期限を決めれば、そこには指導の計画が予期せずに立案できることになる。このように、目標と計画は密接に関係しており、また授業展開の基礎となっているのである。この基礎が明確になっていないと、方向性のない授業となってし

まう。

　授業の方向が決まれば、次に具体的実践の内容を考察することになる。実践の際に大切なのが、「教材と教具」であろう。教材は、授業の目標ではなく、目標達成のための手段や道具であり、具体的には事物や事象などの教えるための素材である。教具は、教材のうちで物的教授手段である素材や道具・各種メディア・情報通信機器などを指すが、教材との区別は必ずしも明確ではない。目標と学習活動を媒介する教材と教具は、授業の展開を方向付ける。教師の教材の選び方や解釈により、授業の質も変化するため、教材研究の深化と充実した学習指導案の作成が求められることになる。

　作成した学習指導案に基づき、教師は「授業実践」を行う。そこでは、授業の流れ・形態・教授技術などに注意が払われ、学習者を目標に近づけようと試みる。教師と学習者の相互作用として「発問」や板書などの活動が展開され、学習者は自身の認識を深めていくことになる。

　授業は、計画し展開すれば完結するわけではない。授業に対する「評価」も欠かすことはできない。自身の授業を分析し、診断を進めることによってよりよい授業への手がかりを求める必要がある。学習者の学習の成果を測定すれば、教師自身の授業の内容や手順が有効であったかの判断ができる。また、授業展開時にも自身の反省点や疑問点に気付くこともある。反省点の修正や疑問点の解決を、次の授業設計に生かすことができれば、次の授業はより効果的なよい授業になるはずである。

　授業の展開は、まさに「計画――実施――評価」の循環である。また授業を成立させる条件や流れは、密接に組織立てられていることも理解できる。目標は、教材にも、実践にも、評価にも生かされ、関連しており、相互に作用し合っているのである。つまり、相互関連が図られなければ、授業は成り立たないと言えよう。

2 教材と教材研究
(1) 教材としての教科書

　各教科の学習指導において、最も重視される教材が教科書であろう。教科書は、学習指導要領に基づき、学習者の学習活動に貢献することを目的に編集されている。法令にも示されているように、小中高等学校及び中等教育学校では、教科書を用いて学習することが義務づけられている。

　教科書は、国民として不可欠な教育内容を確実に身に付けさせる基本的な教材であり、学習者に平等に学習の機会を与えると同時に、学力の水準を保つための教育内容を保障するという特徴がある。もちろん、そこに示されている情報は、真実で価値のあるものであり、学習者の知識・技能の習得に欠くことのできない指針とも言える。また教科書は、具体から抽象へ、基礎から応用へと学習者が発展的に学習を進められるように、系統的に題材が配置されていることも特徴の一つである。

　現在、学校で使用されている教科書には、様々な工夫が盛り込まれ、学習者の意欲を引き出すような構成になっている。同時に、基礎・基本的な内容が精選され、発展性や転移性のある題材が選択されている。各教師が、教科書の役割と信頼性をどの程度に見るかということにより、その扱い方も、変化すると言えるだろう。

　我が国では、教科書自体を非常に重要視する傾向が今でもある。この考え方は、かつての国定教科書や検定教科書が唯一の教材であったという歴史を受けていると思われる。この教科書観は、教科書中心主義であり、教科書の内容のみを学習者に伝授し、詰め込み的な教育方法を選択する。このような授業を展開した場合、基礎的な知識や技能の伝達を効果的に行うことができ、かつ教育内容は教科書に示されているため、教師の教材選択の労力などが軽減される。その一方で、教師主導の授業で

あり、学習者の主体性を育てず、個性や関心の幅を拡げない。教科書「を」教える授業に陥り、教科書「を」覚えることが授業の目的になってしまうことが危惧される。

　この教科書観とは別に、教科書「で」（または「でも」）教えるという考え方もある。教科書は、学習者の学習活動の際の手段や道具に過ぎず、様々な教材や教具を併用していこうとする教科書観である。複数の副教材などを併用して、教育内容を深化・補充し、より高い確かな認識を学習者に与えようとする試みである。また、学習者の自発性や興味なども教育活動の中に取り込み、主体的な活動を通して学習を進めようという経験主義的な教育観からの主張もある。どちらにしても、教科書を神格化するのではなく、素材の一つとして教科書を利用することによって、学習者の学習活動や認識の深化をめざす。実際の運用は、個々の教師に委ねられるため、教師の授業能力に左右されることになる。

　教科書の扱われ方が課題となる中、現在の教科書では、学習者が自ら学び、自ら考え、問題を解決する過程で知識を身に付け、課題解決の方法を学ぶ工夫がなされている。学び方を教えるような試みがなされているのである。これは、「生きる力」の育成などの方針を受け、主体的に自立した人間の育成を教科書の側からも示唆していると言えよう。

　確かに教科書は、真実性・系統性などの面において、他の教材にはない信用度がある。しかし、学習者の実態を知り、彼らと直面するのは現場で授業を実践する教師である。教科書以外から、教科書以上に学習者の興味・関心を引き出すことのできる教材を選び、授業で活用するのも教師である。教師の十分な教材研究が、学習者の学習意欲を引き出すはずである。身近なものを教材化する工夫もまた教師の技量の一つであろう。

(2) **教材研究**

　教師としての力量が問われるのは、何といっても授業場面であろう。充実した授業を展開し、学習者の主体的な学びを保障するには、十分な教材研究が必要である。曖昧な教材研究では、満足のいく授業が行えないばかりか、学習者の学ぶ権利までも侵害することになってしまう。

　教材研究とは、教材に関する全ての研究活動のことであり、資料を集め教材を発掘し、選択しながら本質を見極め、そして学習者の環境や発達に即して授業を構想することである。場合によっては、授業を計画する学習指導案の作成や、板書・「発問」の計画なども含む。つまり、質の高い授業をめざした教材作りから授業に至るまでの一連の活動全体のことである。

　その過程では、教科の目標の明確化・選択した教材の意義・学級や学習者の実態の把握・年間計画の中の本授業の位置・評価のあり方などの広い視野が求められる。その意味で、教材研究の成否が授業の成否を分けるとも言われている。

　教材研究を進める上で、まず求められるのが、教育目標との関係で有益と思われる教材の収集である。その時点では、まだ教材というよりも素材であるが、集めたいくつかの素材を吟味し、教育的価値が高く、学習者にとって有意義なものを選択する。この段階が教材の発掘と呼ばれている。この素材の収集は、必要に迫られたときに実行するのではなく、常に意識しておくことが望まれるだろう。

　次にどの素材を選択し教材として扱うかを、教科目の目標や教師の願いなどの関係から決定する。学校での授業時数は限られており、多くの教材を提供することは不可能であるため、精選が必要なのである。その精選の視点として、基礎的な意味を持ち、かつ重要であり、他の事物への応用も可能な転移性を持ち、学習者の意識が他へも移るような生産性

第2部　教育方法の実践

を意識する必要がある。一つの教材から多くの学びが展開できることが望まれる。具体的には、子どもが面白いと感じ、予想をくつがえす可能性のあるもの、学習者自身による追究が可能なもの、ある程度の期間継続的に展開できるものを意識することが大切である。それには、教師が常に好奇心を持ち、子どもの関心のありかを探るなどの情報キャッチの姿勢を継続させることが求められる。この姿勢が、教材研究の選択の眼を深めることになるだろう。この段階が、教材の選択や教材の精選と呼ばれている。

　扱う教材が決まったら、次にその教材の効果的な学ばせ方を工夫することになる。もちろん教材に対し、学習者の捉え方と教師の捉え方は異なる。そのため、学習者の環境や発達を考慮し、教材をどのように提示するか、どのような言葉で解説を付け加えるか、「発問」と板書はどうするか、どんな学習者の反応が考えられるかなどを十分に考察・予想する必要がある。選択した教材を多様に分析・解釈し、授業への適用を検討し、教材に命を吹き込むのである。これが教材解釈と呼ばれる過程であり、授業の善し悪しを方向付ける大切な作業なのである。

　この教材研究の過程は、料理に例えられることがある。料理では、まず素材の収集から始まる。いつくかの候補の中から、料理の素材を選択する。その際には、好き嫌いや昨日の料理との関係などの様々な要因が左右していると思われる。素材が決定すれば、次に料理の方法や味付けを考え、そして料理が完成すれば食卓に並べて食べることになるだろう。この流れはまさに教材研究と同じである。料理人が教師であり、料理の素材が教材である。教師が素材を収集・選択し、教材として学習者に適するように工夫して、授業で扱うのである。

　この例えは、多くの示唆を与えてくれる。やはり料理人にも技術の上手い下手があるだろう。同じ素材を扱っても、まったく異なる味や料理

になる。おいしい料理ならば、味わいながら・楽しみながら食することができる。教材研究と授業も同様である。教師の料理が上手ならば、学習者は楽しみながら授業を受けることができる。しかし、料理が下手ならば、授業が楽しくないのである。また、たとえ嫌いな料理であっても料理が上手で、味付けが学習者の好みであれば、彼らは食べてくれる。嫌いな教科目や単元であっても、教師の教材研究が確かであれば、学習者は授業に向かってくれるのである。

　教材研究と料理の関係はそれだけではない。同じ素材を活用しても、味付けが違うと、全く違った料理になる点にも留意したい。素材を日本料理にするか、フランス料理にするか、中華料理にするかで、味付けなどが変化することは当然である。料理人が違えば、料理が異なるのである。授業の場面では、同じ教材を扱っても、担当教師が違えば、違った授業になるのと同じである。教育目標や教材は同じでも、教師の考え方や教材研究の方向が異なれば、様々な授業が展開されるのである。

　同様に同じ素材を使っても、食べる人の好みに合わせることも料理の世界では大切だと言う。大人向けの味付けなのか、子ども向けの味付けなのかという点である。極端に辛いものなどは、子どもは好まず、逆に大人は子ども用の甘い味付けは好まない場合が多い。同じ素材や料理でも対象者によって味付けを変化させる必要がある。教材研究や授業でも同じことが言える。たとえば、歴史は、小学校６年生でも中学校でも高等学校でも学ぶ。同じ素材を、何度も学ぶのであるが、それらは味付けが異なっているのである。小学校６年生用の歴史と高等学校用の歴史では、全く味付けが違う。これが学習者の発達段階を加味することに結び付くのである。

　これらのことは、教師の教材研究や授業への工夫がいかに大切かを教えてくれる。まさに教材研究の力が授業の成否を決定づけるのである。

第2部　教育方法の実践

その力は、教科目に対する専門的な力だけではなく、教材を発掘し、選択し、そして学習者の前にいかに効果的に提示できるかという料理人としての力も含む。自ら学び、自ら考える力の育成が求められている現在においては、教科書に示された教材を解釈し、学習者に提供するだけでなく、教師自らが教材を開発する姿勢を持ち続けたいものである。

3　学習指導案と授業
(1)　学習指導案

　学習指導案とは、一般には一時間の授業を念頭に置き、その時間の流れに即した授業展開を構想する計画案である。教師は、授業に際して、教育目標との関連で、教材をどのような方法で、どのような形態で、どのくらいの時間で学習者に提供するかなどの計画を練る。このように前もって準備された指導計画書が、学習指導案であり、教案・指導案・授業案などとも呼ばれることもある。

　学習指導案の意義は、教師自身の授業実践の構想を具体化させることにある。授業の流れを検討し、記述することによって、授業展開の細部までも明らかになり、教育目標との関連や自らの課題などが明確になる。授業者としての意識を高め、学習者の学びを保障することが可能となる。また、別の側面からは、参観してくれる人に授業の流れを示すため、他の教師や学校の年間計画との整合性のためなどの要素もある。

　学習指導案の種類を広義に解釈した場合、一年間の計画である年間指導計画に基づいて、一ヶ月単位の「月案」、一週間単位の「週案」、一日単位の「日案」、単元単位の「単元案」、一時間単位の「本時案」がある。一般に、学習指導案と呼ぶ場合は、「本時案」のみを指す。また「本時案」にも、簡略に本時の流れのみを示した「略案」と、研究授業や公開授業用に詳細な記述を展開した「細案」(「密案」・「精案」とも呼

ぶ）がある。

　学習指導案に定まった形式はないが、一般には、授業の日時と授業者・単元名・単元設定の理由・学習者の実態・単元の目標・指導計画・本時の目標・展開計画・評価の観点などが記述される。以下に、学習指導案の各項目の留意点と、形式例を示す。

　○授業の日時と授業者……誰がどの学級で授業実践を行うのかを明らかにする。
　○単元名……題材の名称や主題などを示す。
　○単元設定の理由……単元や教材に対する指導者の見方や考え方を記述する。単元を設定するのは指導者であるため、指導者の立場から書く場合が多い。他の単元との関連性・教材の系統性・学級や地域の特質なども加味する場合もある。
　○学習者の実態……学習者の既習事項・能力・特性・興味などを指導する教材と関連付けて述べる。単元設定の理由に含める場合もある。
　○単元の目標……単元の目標について示す。単元の目標を把握するのは学習者であり、学習者の立場から書く場合が多い。
　○指導計画……この単元全体の計画であり、学習内容をどのように分け、どのように時間配分をするかを示す。単元全体の総時間数と、本時の位置を明確にする。
　○本時の目標……本授業での目標であり、学習者の目標を示す。
　○展開計画……学習がどのように展開されるかを示す。通常、「導入――展開――まとめ」の三段階に分け、それぞれの時間も配分しておく。指導内容・教師の働きかけ・学習者の活動・指導上の留意点などの項目も置き、一覧表の形で示す。板書内容や「発問」などが求められる場合もある。

第2部　教育方法の実践

○○科学習指導案

学校名　　　立　　　学校　　　授業担当　◎○○ 日時　　　平成　年　月　日（　曜日）第　校時目 学年学級　　3年3組	
単元名（教材） 使用教科書	扱う主題を中心にして行われる学習活動のひとまとまりを示す。 教科書や学習指導要領に沿う場合もあるが、独自の題材の場合もある。 教科書名・出版社。使用する教材や副読本なども示す。
単元設定の理由 学習者の実態	単元を理解の上で、指導要領・指導書を参考に、自分の言葉で記述する。 教師は単元の設定者ではなく、最高の理解者でなくてはならない。 この単元がどのような意図で構成されたかを記す。 指導者の立場で、単元の位置・導くべき方向・目標などを簡潔に示す。 既習事項や学習者の特性など、学習者の動機付けの度合いなども示す。
単元の目標	この単元全体が何を実現しようとして進められているのかを記す。 目標に向かうのは学習者であり、そのため、通常は、指導者の立場からではなく、学習者の立場から記述する場合が多い。 具体性を持たせ、簡潔に、箇条書きで示した方が、理解が深まる。
指導計画 本時の目標	この単元は、どのような学習内容であり、どのような時間配分で展開するのかを示す。 学習内容や時間配分を示し、単元全体の構成を絶えず把握しておく。 学習内容　1. ▽▽▽▽（2時間） 　　　　　　2. ※※※※（3時間）　本時は、2. の第2時間目 　　　　　　3. ☆☆☆☆（1時間） この授業を通して実現しようとするねらいは何かを示す。 学習者が何に気付くようになるのか、理解するようになるのか、具体的かつ簡潔に示す。

※指導者および学習者の準備・板書事項・発問・本時の評価・座席表・教材の写し・教材研究の参考図書・授業中の注意などを具体的に示す場合もある。

第 2 章　教材研究と学習指導案

展開計画

段階	指導内容	教師の働きかけ	形態	学習者の反応・活動	指導上の留意点	時間
導入						
展開						
まとめ						

評価の観点

第2部　教育方法の実践

　　○評価の観点……本時の学習の結果、学習者の変容を、観点を定め
　　　て評価する。多様な面から評価を計画し、次の学習指導の改善に
　　　役立てる。

　形式が整えば、学習指導案が充実するわけではない。学習指導案を作成する際には、留意すべきことがいくつかある。まず、単元の目標と本時の目標を明確に把握できていることが大切である。目標が意識されていれば、指導内容と教材が精選され、授業の柱も確立できる。また、展開計画においては、学習の流れが感じられ、授業全体が見渡せることも忘れてはならない。学習内容に対して、教師がどのような働きかけをし、学習者が反応するか、指導過程において学習者にどんな変化が見られるかなども感じられるようなものにしたい。その上で、学習指導方法に対する工夫や、評価の観点などを意識しておきたいものである。

　このように学習指導案は、授業を創造するための基礎的な設計書という意味を持つ。設計を間違えば、授業は充実しない。そこで、学習指導案を作成するためには、多くの努力と注意が必要となってくる。その作成にはかなりの時間と労力を使うことになるが、教育目標との関連や教材研究との結び付きを視野に入れれば、作成の方向性が見えてくるはずである。

　先に教材研究を料理に例えた。同じように考えると、学習指導案は料理の品書きに似ている部分がある。品書きには、前菜やスープに始まり、主たる食材、そしてデザートが示されている。もちろん前菜やスープは、主たる料理（メインディッシュ）を引き立てるための流れに位置付けられ、主役はあくまでも主たる料理である。これを授業の展開の流れに当てはめてみる。主たる料理は、教材研究を深めた題材であり、学習者に「ふ〜ん、なるほど！」と思わせたい授業の柱である。その柱に向けて、授業者（料理人）は導入の内容や、展開時の題材などを構想す

る。展開計画（料理の順番を示す品書き）も、その授業の柱（主たる料理）を生かすために、その前後を固めることになるだろう。

　この事例は、学習指導案の展開計画を実際に作成する場面においても示唆に富む。通常、学習指導案を作成する場合には、「導入――展開――まとめ」と時間の経過に沿って書き進める。この手順が間違っているわけではない。料理の場合は、メインディッシュが決まってから、前後を固めていく。同様に展開計画でも授業の柱となる部分を中心に構想していく方法もある。柱へ結び付けるためには、事前にどのような学習活動が必要なのか、事後にはどのような確認活動が必要なのかなどを分析すると、授業の柱が揺れない学習指導案が作成できる。つまり、主たる料理としての柱から書いてしまうという方法である。学習指導案を書き慣れない教師の場合、この方法のほうが効果的にかつ短時間に作成できることが多い。

　授業が終了すれば、学習指導案の役割が終了するわけではない。学習指導案は授業実践の後、自身の授業を振り返り、反省点の改善などにも役立てられる。次の授業に結び付けるステップとして、よりよい授業のための基礎となるのである。学習指導案は、まさに「計画――実施――評価」の流れを体現しているのである。また学習指導案は、教師の授業実践力をも表すと言われる。なぜなら、学習指導案には、目標設定・授業の構想・子ども理解・学習指導の技術など様々な要因が含まれているからである。作成された学習指導案を見れば、教師の資質までもがわかると言われるのは、そのためである。

(2)　**授業での教師の発言**

　学習指導案を作成する際には、授業の流れを構想するだけでなく、どのように学習内容を提示し、どんな言動を試みようかということも検討

する。具体的には、授業時の教師の発言や板書などであり、これらの教師の言動は、意識するしないにかかわらず、学習者の人格形成や知識・技能の習得に影響を与える。

　教師の授業時間中の発言を指導言と呼ぶことがある。この用語には、教師の発言はすべて学習者を指導するものという意味が込められている。指導言は、「説明」・「指示」・「発問」からなり、実際にはこれらが授業を動かすと言える。

　「説明」とは、学習者が発見・認識していないことを、すでに知っている概念や言葉を使ってわかりやすく伝えることである。具体的な授業においては、新しい知識や技能そのものを身に付けさせようとする場面、学習者が自らの思考活動や課題追究を進めるための前提としての場面、作業や実験の方法や注意を伝える場面などで使用される。しかし、義務教育段階では、「説明」だけでは授業の成立は難しいため、教師の他の動きと連動していることがほとんどである。

　授業の中で、教師が行う指図・要請などの総称が「指示」である。「指示」は、学習者の行動に働きかける指導言であり、日常的に人や集団を動かすものと同じタイプと、教育的な指導内容を包含したタイプがある。前者の場合は、命令や指令などの強制的意味合いを含んでいるが、後者は授業のすじ道を指導する場合やアドバイス時に使われ、教材研究の中から生まれてくる。

　指導言の中で、そのあり方が最も重視されているのが「発問」であろう。「説明」や「指示」は、知識や技能を系統的に伝えるには優れた方法であるが、十分な学習意欲を引き出すには不向きである。教師が授業中に問いを発する「発問」は、学習者の思考に働きかけることができる。学習者の能動性を高め、学習意欲の喚起に有効な手段なのである。「発問」によって学習者は追究を開始し、試行錯誤や推論などを繰り返

す。そして、物事に対する認識を獲得していくのである。時には、あえて「発問」による「ゆさぶり」をかけることもある。それらも、学習者の思考の深化をめざしている。

　授業中の問いや思考は、常に行われているが、最も頻繁かつ重要となるのは授業の柱の部分においてであろう。「発問」は、学習者の思考を動かし主体的に教材に向かう姿勢を作る。そのため、授業の柱の部分では、大いに「発問」を利用し、学習者の能動性を高め、「ふ〜ん、なるほど！」、「そうか！」と思わせる必要がある。「発問」により、学習者が動き、認識が深まれば、その授業は成功したことになるだろう。その意味で、「発問」の成否が授業の成否を分けると言える面もある。

　もちろん、ここで触れた指導言の「説明」・「指示」・「発問」は、授業時には密接に組み合わせられる必要がある。極端な表現をすれば、「説明」だけの授業では、知識の伝授のみに終始し、「発問」だけでは、対話は成立するが学習が整理されないだろう。三者をどの場面で、どのように活用するかなどの構想は、教材研究を進める上でも非常に大切な要素なのである。また同様に、授業後の反省においても、三者の適切な関係が成立していたかを検証することも忘れてはならない。

(3)　板書の計画

　授業を有効に展開していくために、板書の計画も欠くことができない。板書にはいくつかの機能がある。まず最も一般的な活用法は、教師が学習者に「説明」をしたり、知識・技能を与えたりする学習の補助的手段である。口頭では明瞭に表しにくい内容を視覚に訴える形にすることによって、明確にする効果である。また学習者の思考活動を促すために、学習課題や「発問」を板書する場合もある。これは、学習者の思考の道すじを確認しながら、問題解決の過程を明らかにしていこうとする

試みである。同様に、「発問」に対する学習者の発言や疑問などを板書する場合もある。これは、学級全体の相互の協働学習的な思考を深めていこうとする方法と言える。授業全体の流れなどから見た場合、板書は、学習活動全体を構造的に把握するきっかけを提供してくれる。学習者の学習内容確認と同時に教師の自己評価・反省の材料ともなるのである。

　板書は、授業時に思いつくままに書けるものではない。教材研究時に十分な板書計画が大切である。もちろん、学習者の発言によっては、板書のタイミングや内容に、計画とのズレも生じてくるだろう。柔軟に板書を組み換えることも求められる。板書計画には、緻密かつ柔軟な方向性が必要と言えるだろう。

　板書を考える上で、忘れてはいけないのが、学習者のノートとの関係である。ほとんどの学習者は板書内容を自分自身のノートに写すだろう。この傾向は、幼い学習者ほど強いと言える。学習者は、自身のノートを見て学習を振り返り、内容を確認する。その際、ノートには毎時間の授業の柱や、自身が「ふ〜ん、なるほど！」と思ったことが記載されていることが望まれる。それゆえ、教師の板書には、毎時間の授業の柱が含まれていることが大切なのである。

　また板書と学習者のノートとの関係は、板書の形態にも示唆を与えてくれる。学習者は、板書通りにノートに写す場合が多い。たとえば、横書きの場合は横書きで、縦書きの場合は縦書きで、板書の形態がそのままノートに転記されることになる。板書が充実すれば、ノートも充実し、授業の流れも示されるのである。このような面からも、板書自体および板書計画の大切さが理解できるであろう。

第 2 章　教材研究と学習指導案

主な参考文献

大西忠治『授業つくり上達法』民衆社　1987年
青木一・大槻健他編『現代教育学事典』労働旬報社　1988年
横須賀薫編『授業研究用語辞典』教育出版　1990年
熱海則夫・奥田眞丈『教育課程の編成』ぎょうせい　1994年
教員養成基礎教養研究会編『教育の方法・技術』教育出版　1995年
田原迫龍麿・仙波克也監修『教育方法の基礎と展開』コレール社　1999年
恒吉宏典・深澤広明編『授業研究—重要用語300の基礎知識』明治図書　1999年
教職課程研究会編『教職必修　教育の方法と技術』実教出版　2003年
加藤幸次監修『学力向上をめざす個に応じた指導の理論』黎明書房　2004年
中央教育研究所編『本当の学力が育つ達人の授業』東京書籍　2004年
日本教育方法学会編『現代教育方法事典』図書文化　2004年
山口榮一『授業のデザイン』玉川大学出版部　2005年
久保齋『一斉授業の復権』子どもの未来社　2005年
家本芳郎『教育実践練習問題』ひまわり社　2005年
釼持勉『若手教員育成プログラム42』明治図書　2005年
小林洋一郎『学習指導体制の研究　授業と発問』酒井書店　2005年
人間教育研究協議会編『授業力を磨く』金子書房　2006年
奈須正裕他編『学力が身に付く授業の「技」』（全5巻）ぎょうせい　2006年
篠原正典・荒木寿友著『教育の方法と技術』ミネルヴァ書房　2018年
稲垣忠『教育の方法と技術』北大路書房　2019年
田中耕治他『改訂版　新しい時代の教育方法』有斐閣　2019年
樋口直宏編著『教育の方法と技術』ミネルヴァ書房　2019年

第3章　教育実践に学ぶ

1　教育実践に学ぶ意義

　教師は、授業の「計画——実施——評価」というサイクルを繰り返すことによって、よりよい授業を求め続けなければならない。時には、自身の授業実践を、他の実践者と比べたり、他の実践者から学んだりすることも必要である。民間教育研究団体の実践や、名人と呼ばれた教師の実践に学ぶことは、自身の授業力向上に結び付くだけでなく、壁を乗り超える力を与えてくれる。

　過去の実践者達も、学習者の成長を保障するために、様々な試みを展開した。彼らも、一時間の授業において、学習者の学力向上や技能の習得に努力を注いできたはずである。時には時代の状況や社会的な要請に流され苦悩し、十分な成果が得られず、批判も受けた。しかし、授業に対する熱い思いが、その失敗や批判を乗り越えさせてきた。彼らの授業に対する人並み以上の思いも学ぶ必要があると言えるだろう。

　現在までの教育実践は、非常に多岐にわたり、教育方法学の視点から学ぶべきことが多く含まれている。そのことを念頭にここでは、戦後の教育史及び現在の学校教育において、教師自身の授業実践に応用できる要素を含む実践を選択した。実践自体の評価や史的意義を検討するわけではなく、あくまでも明日への実践のヒントや示唆を得ようとする試みである。

　教育実践は、過去の実践記録の積み重ねによって、深化するという側面がある。それは、自分自身の実践だけでなく、先駆的な実践の積み重

ねも意味している。授業の名人と言われた教師達も過去の実践に学び、自身の実践を反省しながら、自らを磨き上げてきたのである。実践は、過去の積み重ねの成果であることも忘れてはならないだろう。

2 生活綴方

　生活綴方教育とは、学習者としての子どもが実生活の中で見たことや感じたことをありのままに文章に綴り、その文章を学級集団の中で読みあい、生活認識と連帯感を形成する教育方法である。そこでは、文章の指導と、社会や生活などのものの見方や考え方の深化がめざされている。

　生活綴方の起源は、大正期の新教育運動に見ることができる。大正期の一部の教師達が、教科書の拘束を受けない作文指導を手がかりに展開したのが最初であるとされる。その後、戦時下においては衰退するが、戦後に再び着目され、我が国独自の教育運動の流れとして、またアメリカ的な経験主義教育を批判するような要素も含むと言われ、教育現場に大きな影響を与えた。昭和20年代後半には、教育と生活の結合をめざした無着成恭の『山びこ学校』（1951年）、小西健二郎『学級革命』（1955年）、東井義男『村を育てる学力』（1957年）などの実践記録が公にされた。これらの実践は、学級という集団の人間関係を変えるものと評価された。

　生活綴方教育の教育方法の特質は、一人一人の子どもの生活に根ざした個別的・具体的・特殊的なものを、学級集団の中で取り上げ、考察することによって、一般的・抽象的・普遍的な認識へと発展させる点にある。そのため、国語などの教科指導にも、生活指導にも応用が可能である。だがこの特質に関連して、実践が学級内の情緒主義や仲良し主義に陥る点、教科と教科外の違いが曖昧である点などに批判の目が向けられ

る。また、昭和30年代後半以降、生活綴方教育を推進する側からも文章表現指導を重視する立場と、生活指導を基礎とする立場に分かれていくことになる。

　生活綴方教育で、独自の意義を持ち、欠かすことのできないのが「概念くだき」である。これは、子どもの独断や偏見にとらわれた考え方を改めさせて、真実の概念認識を獲得させる教育の方法である。子どもは、上から教え込まれる定型的概念や既成概念により、物事を判断したりする傾向がある。その概念把握は自分自身の生活の事実に照らして吟味したものではなく、あくまでも教育や大人によって与えられた抽象的・観念的なものである。これでは、真の概念把握にはなっていない。先入観や偏見に基づいた概念をくだき、リアルで生活に密着した概念に転化することが求められる。それが「概念くだき」と呼ばれる認識方法である。

　生活綴方教育の実践で、最も影響を残したのが、無着成恭の『山びこ学校』の実践記録であろう。これは山形県山元村（現上山市）の山元中学校の教師であった無着成恭の実践であり、1951（昭和26）年に実践記録が出版されると、教育界だけでなく、大きな注目を集めた。無着は、戦前の生活綴方運動の実践に学び、子どもの綴方を題材として授業で取り上げ、学級で討議し、調査し、行動する実践を行った。実践記録には、山元村の貧しい生活と暗い現実が、日本の農村社会に生きる子どものリアルな眼で綴られている。実践記録によれば、綴方により浮き彫りになった切実な問題を、学級全体で取りあげ、解決の方向を探る教育を展開する中で、子どもは生活の事実を把握していく。それは、既成の概念や先入観にとらわれないリアリズムの認識として子どもの中に育成されることになる。この過程は、子どもが自身の生き方や将来の道などを考えることにも結び付く。貧しい現実の中で主体的に生きていく力を身

に付けさせていると言えるだろう。

　この『山びこ学校』の実践が行われた当時は、アメリカ流の新教育が一世を風靡していた時代であった。その新教育では、民主主義社会が既に実現していることが前提であり、その完成された民主社会自体を学ぶことが新教育の実践であるように思われていた。そこにこの『山びこ学校』の実践記録が投げかけられたのである。貧しい日本の農村の現実に生活綴方という日本古来の指導法を用いた実践は、戦後の教育実践の一つのモデルとなっただけでなく、日本の現実に適応した教育実践の必要性を認めさせたと言える。

　現代の視点から生活綴方教育を振り返ると、教育実践レベルでも様々な示唆を与えてくれる。まず、実生活と教育の結合である。子どもの身の回りにあるリアルな現実を教材化するという試みは、現在の教育にも生かされる必要がある。全国統一的な内容も確かに大切だが、学習者の身の回りにあるものを教材化する努力は、個性の伸長や学校の独自性という観点からも忘れることはできない。

　また「概念くだき」という考え方からも学ぶことがある。教師ですら現実を見ずに先入観や偏見にとらわれている場合もあるだろう。この概念は、リアルな現実と認識との関係で物事を把握することの大切さを教えてくれると同時に、学び方の方法も提供している。特に総合的な学習の時間などにおいては、先入観や既成認識にとらわれず、現実を直視し、物事を批判的に検証する姿勢や能力の育成などが、求められることになるだろう。

3　水道方式

　算数及び数学の分野では、水道方式と呼ばれる学習指導法がある。これは、昭和30年頃から、民間教育団体で提案された小学校段階の数計算

第 2 部　教育方法の実践

の指導法である。中心となったのは、数学者の遠山啓や数学教育協議会の理論と実践である。その特色としては、従来の数え主義的な指導法に反対し、量を出発点とする点、学習の教材としてタイルの使用を提唱した点、暗算中心から筆算中心を主張した点、一般的なものから特殊なものへと指導過程を整理した点がある。

　昭和20年代までの算数は、数を順序によりながら把握させていた。一桁の計算問題において、4＋2という場合、4の次の次(2)が6というように教える。この方法は、算数の導入過程では、理解しやすいと言えるが、二桁以上の計算や小数及び分数の理解が容易ではない。そこで、数を具体的に量で表す教材として正方形のタイルを使用する。タイルは視覚的にも位取りの数概念をとらえやすく、分割や等分することも可能であり、多数桁の計算や小数及び分数の理解にも適している。十進法の構造をタイルという視覚的にも学べる教材を駆使することによって、学習者に把握させようとした。この方法は、現在の算数教科書にも受け継がれ、複数桁の計算の学習場面では、タイルや計算棒が登場する。

水道方式による実践例

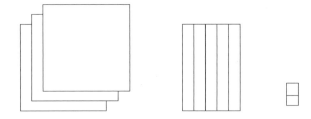

タイルが100、計算棒が10、小タイルが1を表す。
よってここに示される数字は、352となる。筆算もタイルを活用して展開する。

また水道方式の特色として、筆算の重視がある。暗算よりも、形式を踏んだ筆算のほうが、後の学習のためにも有益であると見る。暗算の場合は、読み上げられた数値を上の位から計算を行う。個人差にもよるが、三桁くらいの計算になると行き詰まり、筆算に切り換えざるを得ない。それならば、誰もが納得した形で計算を進めたほうが計算力の向上が期待できるという考え方と、先に触れたタイルによる計算式（タイルの筆算）を結び付け、最初の段階から筆算を導入した。目に見える形で、数ではなく量として筆算で計算することを推奨した。

　教材を扱う順番に関しても、水道方式は変化をもたらした。練習問題などを理論的に体系化し、一般的な形態から特殊な形態への原則で指導過程を構成した。具体的には、複数桁の足し算の場合、教材にタイルを活用し、繰り上がりなどのすべての手続きを含む計算から学習する。その上で、0を含む100＋200のような計算へと進む。一般から特殊へという流れを持つ計算指導の体系が、水道方式の特色でもある。この体系を、水源地や貯水池の水が、重力によって水道管の中を流れて、各家庭に届くことに例えた。つまり、計算体系でも一般を押さえておけば、ほとんど指導を加えないで特殊なものも理解できるわけである。この例えが、水道方式という名称の由来である。

　水道方式には、昭和20年代の経験主義的な教育に対する批判も込められている。当時の教育は、算数教育の体系や計算能力の育成に目が向けられていないだけでなく、教科の系統性や知識の結び付きが無視されていた。この批判などから生み出された水道方式は、系統性も大切にしながら、現在の算数教育、特に計算の学習に受け継がれている。

　水道方式から学びたいのは、計算に具体性を持たせる工夫としての教材研究である。数の概念を加減乗除するだけでは、抽象的であり、子どもの学習は長続きしないだろう。そこで、正方形のタイル教材の活用と

いうことが生まれてきた。これにより、子どもは抽象的な数の概念をリアルに認識することが可能となるだろう。タイルの等分や分割から分数や小数に結び付くという考え方も示唆に富む。つまずき易い題材であるだけに、視覚に訴え、合理的理解をいかに導き出すかという点で学ぶことが多い。

4　仮説実験授業

　理科的な要素を含む実践としては、昭和30年代後半に板倉聖宣・庄司和晃らが、現場教師の協力を得て開発した仮説実験授業というものがある。これは科学の基礎的な概念や法則を子どもに理解しやすいように教え、科学的に考えることの楽しさや意味を体験させることをめざした教育方法と言える。

　仮説実験授業では、「問題――予想――討論――実験」というすじ道をとる。まず扱うべき事実や法則は、授業書（授業プラン書）という形で提供される。その授業書により問題が提示され、問題に対して、学習者は独自の予想を立てた上で、他の予想と討論を進める。この場合、討論時に予想の変化が起こり得るかもしれない。その予想が仮説となり、実際の実験に進み、結果を確かめるのである。予想と実験により学習者の認識の深化をめざすと同時に、その過程で討論という社会的な行為を用いることによって、社会性も視野に入れているのである。

　この授業方式では、すべての学習者に科学の魅力を伝え、概念や法則を使えるようにしようと試みた。そのためには、教育実践の成果を蓄積した授業書が必要となる。授業書があれば、科学好きの熱心な教師でなくとも、授業が計画・実践できる。授業書には正しい真理が示されており、それに忠実であれば失敗はしないはずである。授業書は、一種の教科書的な要素を持つことになる。

第3章　教育実践に学ぶ

　昭和30年代後半という時期は、高度成長期であり、学校教育には知識・技能の習得が求められ、教育内容の現代化が進められていた。理科の分野でも同様であり、教科書などに実験の題材は掲載されているものの、それらは、科学的原理の確認のための実験にすぎなかった。それゆえ、科学の面白さや結果を予想する楽しみなどを与えることは、難しかった。そこに、学習者自身が結果予想の仮説を立て、実験に入る前に、学級や班で結果についての討論を進める授業方式が提唱されたのである。この方式が、教育現場に受け入れられ始めると、それに比例して授業書も数多く開発されるようになった。現在では、理科だけでなく、社会科学分野の授業書も多い。

　理科に限られたことではないが、学習者が物事を認識する過程において、教材の扱い方は非常に大切である。仮説実験授業では、扱う問題としての教材に対して学習者が思考し、実験し、学習内容の確認をしている。仮説を立てる思考の段階では、事物の原理や原則が見えるわけではなく、抽象的な把握にとどまっている場合もあるだろう。それを実験により、具体性を持たせる。教材を通して、また教材から確かな認識や理解へと道すじを付けているのである。この教材の扱い方からは学ぶことも多い。

　同時に仮説実験授業では、討論の要素を入れている点にも注目したい。現在、ディベートを導入した授業も教育現場で実践されているが、ディベートの場合、勝ち負けの判定が難しい。場合によっては、判定が曖昧なために、十分な成果の得られていない授業もある。それに対し、仮説実験授業の討論は異なる。討論の時点では、劣勢であっても、実験の結果で正解となる場合もある。討論での優勢な立場が必ずしも正解ではないのである。また、ディベートと違い討論の内容を検証することも可能となる。

第2部　教育方法の実践

　現代の教育課程を視野に入れてこの仮説実験授業を見た場合、総合的な学習の時間での活用なども有益であろう。仮説実験授業の欠点は、一つの単元に時間がかかりすぎるということがある。教科の枠にとらわれない総合的な学習の時間では、理科だけでなく社会科学の題材などの仮説実験授業も可能となる。実際にも環境問題や平和学習などの授業書の蓄積が進んでいる。

5　教育技術の法則化運動

　教育技術の法則化運動とは、1985（昭和60）年、小学校教師であった向山洋一が提唱して始めた民間教育研究運動である。この運動は、各教師が持つ教育技術を収集し、それらを公表して多くの教師に伝え、教育技術の共有化をめざした。20世紀の教育技術・教育方法の集大成という運動目標の通り、2000（平成12）年に解散し、現在はウェブ上のみで展開されている。

　この運動の性格として、中央と地方の組織、研究者と教育実践者、サークル同士などの関係をすべて対等に位置付け、従来の民間教育研究団体が有していた中央集権的で研究者主導の構造を排した。上意下達的なワンウエイ構造ではなく、横に組まれ双方で相互作用ができるツーウエイの関係作りを試みた。

　運動の基本的な理念としては、次の四項目があげられていた。

　①　教育技術は様々である。できるだけ多くの方法を取り上げる（多様性の原則）。

　②　完成された教育技術は存在しない。常に検討・修正の対象とされる（連続性の原則）。

　③　主張は記録を根拠とする（実証性の原則）。

　④　多くの技術から自分の学級に適した方法を選択するのは、教師

自身である（主体性の原則）。

　これらの理念の下で、20世紀の教育技術・教育方法を、集める・検討する・追試する・修正する・広める運動を展開した。

　運動の原点は、優れた教育実践や技術を教師達の共有財産にしようという思いがある。どんなに優れた実践でも、それが公開されず、他の教師に伝わらなかったら、それは私的な隠し財産に過ぎない。医学などの場合は、先を競って公開・伝達を試みるが、教育技術の場合は違っていた。普通の教師が持つ、埋もれた数々の教育技術を集め、蓄積と公開によって、教師達の実践研究の幅を広げさせた。

　教育技術の収集として、普通の教師から投稿論文を募った。この方式は、従来の民間教育研究団体にはない手法であり、現場教師からの支持を集めた。埋もれた数々の技術は、授業時の「発問」・「指示」までもが明確に文章化された。文章化するということを通して、教師は自身の教育実践を振り返り、授業を分析する能力を向上させた。また、蓄積された教育技術を学び、自身で活用する場合には、自分なりのアレンジや対象となる学習者の興味・発達段階などの加味も必要となり、教師自身の授業力の向上に直結した。この法則化運動は、教師の授業上達のシステムとなった。

　教育技術の法則化運動をめぐっては、批判も展開された。主な批判は、蓄積された技術の有効性が確認できない点、他人の実践の猿真似的な実践が増える点、反動的な理念が見え隠れする点などに向けられた。しかし、短期間に我が国の最大級の規模の教育研究団体になった事実を考えれば、この種の運動を若い教師などが、どんなに求めていたかが理解できよう。

　教育方法学の視野から教育技術の法則化運動を見た場合、教育技術・方法の手がかりを蓄積し、提供したという点に大きな価値がある。この

第2部　教育方法の実践

運動では、授業の流れ、板書、「発問」などに至るまでの技術が蓄積され、授業実践で模索する若い教師達に確かな基礎を与えた。教育技術は、先輩教師から伝授されたり、盗んだりするものという意識やその機会が減っていたため、教師集団での技術の共有および伝達方法として、多くの支持を集めたのである。

　また蓄積・提供される内容が、普通の教師の技術という点も注目に値する。研究者や授業の達人が生み出した技術ではなく、誰にでも考えられ、実践できると思われる技術である。そのため、多くの教師が共感し、自身でも発表を試みた。発表するには、技術を把握・活用するだけではなく、授業分析や反省も必要となる。つまり、この運動に参加するということは、知らず知らずのうちに「計画――実施――評価」のサイクルを繰り返すことになり、授業力の向上に結び付いた。この姿勢などには学ぶ必要があると言えるだろう。

6　基礎学力向上の試み

　文部省の教育政策がゆとり教育路線を進む中、1998（平成10）年に、学習指導要領が改訂された。この学習指導要領では、完全学校週五日制に対応して教科内容と時間数が削減されている。この改訂と前後して、教育界は学力低下論争が活発に展開されることになる。

　学力低下を危惧する声が高まる中、注目を集めたのが、兵庫県朝来郡の山あいの小学校での、音読と百ます計算に代表される陰山英男の教育実践である。陰山の読み・書き・計算の徹底、そして教科書の暗唱や計算の速度を計るという試みに対して、各方面から批判が寄せられた。批判の主な方向は、保守的な教育である、子どもの心を無視している、単なる機械的計算術、などである。しかし、同小学校からは多くの大学進学者を出しており、この実践の成果は誰もが認めるに至り、音読と百ま

す計算などの実践が多くの学校で取り入れられてきた。
　また近年では、学力低下は国力や経済力の危機を招くとの憂いから、読み・書き・計算という学力の基礎とも言うべき要素の徹底としてのドリル型学習にも着目が集まっている。しかし、読み・書き・計算の徹底では、単なる詰め込み機械学習にすぎない。読み・書き・計算の学習がどのような状況で効果を発揮するのか、子どもの人格形成や思考にどのような影響を与えるなどの視点も大切と言えよう。これらの視点に早くから注目した人物に岸本裕史がいる。
　岸本は、読み・書き・計算の力を学力の基礎と位置付けている。それは、人間の思考は文字や数字などの言語を操作して進められていることに着目しているためである。読み・書き・計算は思考力の育成にも欠かせない。しかし、読み・書き・計算だけでは思考力は育たないとも考える。そこで必要となってくるのが、「見えない学力」である。「見えない学力」とは、家庭でのしつけや生活態度、読書の習慣などが関係して育つ健全な生活習慣そのものである。つまり、岸本の主張は、家庭教育の大切さに結び付くのである。彼の教育論が脚光を浴びたのは、高度成長期から昭和40年代後半期という家庭や地域の教育力が衰えたと言われる時期である。彼は、テレビの長時間視聴・駄菓子の摂取・生活習慣の乱れなどが、子どもの「見えない学力」を低下させていると考えた。これが低下している状態では、読み・書き・計算を重視しても、テストや成績に表れる「見える学力」は伸びないと主張した。
　「見えない学力」という前提があり、その上で読み・書き・計算の学習を進める岸本は、具体的に「見える学力」を伸ばす試みを展開している。最も有名になったのが、先にも触れたが百ます計算（岸本は加法基礎計算と呼ぶ）であろう。これは縦横それぞれに11個のマス目を作り、最上行と最左列に0〜9までの数を任意に記入し、クロスした部分に足

第2部　教育方法の実践

加法基礎計算（百ます計算）

+	8	3	6	0	4	7	1	5	9	2
4										
7										
1										
8										
9										
0										
5										
6										
3										
2										

三桁十回引き算（エレベータ計算）

```
  590
-  59
─────
-  59
─────
-  59
─────
-  59
─────
-  59
─────
-  59
─────
-  59
─────
-  59
─────
-  59
─────
-  59
─────
    0
```

し算や掛け算の答えを記入するものである。これを毎日繰り返すことによって、かかった時間の短縮が見られ、子どもは自信を得ることになる。この他にも、〇桁十回足し算・引き算（エレベータ計算）や往復計算などがある。算数の実践では、水道方式に学びながら、教材への工夫を試み、計算の意味なども明確に意識していた。

　また岸本は、読み・書きの分野では、教科書の音読・書き写しによる活字文化中心の学校教育への転換などを提唱する。それは、単なる読み・書きではなく、音読により暗記した文章の意味を考え、漢字の成り立ちなども視野に入れた漢字指導を伴っていた。その上で、言語の伝達・思考・自己統制という三つの機能の意義と活用を学習者に伝えていたのである。

　「見えない学力」との相互作用を強く意識するこの読み・書き・計算の学習は、学習意欲や集中力、そして自立

心や忍耐性などの涵養も意識していたと言える。また、単に音読や計算ができるだけでなく、わかることを前提にしていた。音読は、覚えた文章の意味を理解し、使われる漢字の字源なども把握するため、計算練習は、理解したことを身に付けるために徹底していたのである。

現在でも、基礎学力育成のために、音読や百ます計算は、学校現場において取り入れられている。その実践では、単に音読や計算ができるだけでなく、文章や加減乗除の意味がわかることが大切である。ただ単に暗唱の正確さや計算の速度だけに注目が集まっている場面もある。これでは、本来の基礎学力には結び付かないだろう。やはり、わかることとできることのすじ道が必要である。

それと同時に、「見えない学力」との関係も忘れることができないだろう。子どもの健全な生活習慣の指導にまで教師が踏み込むことに関しては賛否があるが、早寝早起き・朝食・朝の排便などの習慣が、真の学力に関係する。この「見えない学力」が「見える学力」を支えているのであり、この関係が確立されれば、読み・書き・計算の学習が「生きる力」にも直結するはずである。

基礎学力向上の試みは、教材研究や指導法の工夫を通して、学習者の集中力や意欲を育てている側面も視野に入れておきたい。もちろん、これらの試みは、学習指導要領などに示されておらず、現場の教師の独自の試行錯誤から発展してきている。教師の工夫が、学習者を引き付け、成果を残したと言える。子どもに適した教材の提供が、いかに大切であるかを物語っているだろう。

主な参考文献
　岸本裕史『見える学力、見えない学力』大月書店　1981年
　向山洋一『授業の腕を上げる法則』明治図書　1985年
　青木一・大槻健他編『現代教育学事典』労働旬報社　1988年

第 2 部　教育方法の実践

　　板倉聖宣・上廻昭・庄司和晃編『仮説実験授業の誕生』仮説社　1989年
　　花井信『近代日本の教育実践』川島書店　2001年
　　岸本裕史・陰山英男『やっぱり「読み・書き・計算」で学力再生』小学館　2001年
　　安彦忠彦・新井郁男他編『新版　現代学校教育大事典』ぎょうせい　2002年
　　陰山英男『本当の学力をつける本』文藝春秋　2002年
　　岩本松子『生活綴方における「方法」の問題』東京図書出版会　2002年
　　多田俊文編『教育の方法と技術　改訂版』学芸図書　2003年
　　向山洋一『新旧教育文化のたたかい』明治図書　2003年
　　森口朗『授業の復権』新潮社　2004年
　　佐藤藤三郎『山びこ学校ものがたり』清流出版　2004年
　　日本教育方法学会編『現代教育方法事典』図書文化　2004年
　　人間教育研究協議会編『〈確かな学力〉を育てる』金子書房　2004年
　　田中耕治編『時代を拓いた教師たち』日本標準　2005年
　　人間教育研究協議会編『真の学力向上のために』金子書房　2005年
　　久保齋『一斉授業の復権』子どもの未来社　2005年
　　有田和正『学力向上　アイデア事例集』教育開発研究所　2005年
　　陰山英男『陰山式モジュール授業の実践』小学館　2006年

第4章　情報メディアの活用と授業

1　ICT活用による授業の変化

　学校教育の場では、教師や教育内容と、学習者を媒介するものとして、様々なメディアが活用されてきた。近年では、印刷型のメディアだけでなく、視聴覚メディアや情報処理メディアの活用も多くなっている。なかでも、パソコンを扱った授業実践が注目を集めてきている。

　情報通信技術の発展により、日常生活においても、パソコンはネットワーク社会の道具となり、誰もが毎日のように触れている。情報通信技術を使いこなす能力が、これからの社会を生きる上で、必要となる力であることは誰もが疑わないであろう。そこで、学校でも必然的にパソコンに代表されるICT（Information and Communication Technology）を活用した授業が試みられるようになった。

　ICTを活用すれば、情報の収集や加工を効率的に行うことができ、遠く離れた人々との交流なども容易となるだろう。また、学習者個々人の学習速度や興味への対応も可能となることから、学習者の意欲を引き出すこともできると考えられる。長所を整理すると、次のような点が認められる。

　　①　新たな通信手段。　　②　個に応じる道具。
　　③　伝達メディア。　　　④　間接的・擬似的体験の手段。
　　⑤　データの共有化。

　①に関して、パソコンやモバイル端末などの情報通信機能は、非常に優れており、文字や写真だけでなく、動画や音楽なども瞬時に送受信が

第2部　教育方法の実践

可能となっている。この機能を活用し、教材となるような情報や資料の収集が、多くの場所に足を運ばなくても、可能となる。同様に、同じような学習題材を扱っている学級や教員同士の交流や意見交換なども可能である。またネットワークを通じて、教材の配信なども進められており、教材の幅や工夫の幅が広がったと言える。

　②で示すように、パソコンは個に応じる道具であり、使う人の理解度や興味に応じてくれる。この特性を利用して、パソコンを学習者が個別に利用したドリル学習などが進められてきた。これらは、学習者の個人差に応じた学習指導であるCAI（Computer Assisted Learning）の流れを引き継いでいる。同時に、学習者個々人の興味や関心に応じた活用も可能である。総合的な学習の時間などでは、学習が個別に興味を持ち探究する事項をパソコンの利用により調べている。情報の収集・取捨選択・検証・発表の流れを個別に進める上でも、十分な活用が期待できるはずである。

　パソコンの長所として、③の伝達メディアとしての側面も大切である。例えば、自分が調べたことを発表する場面や教師が教材を提示する場面において、いわゆるプレゼンテーションの際に、文字や図だけでなく、音声や動画も同時に示すことが可能である。年齢の低い学習者には具体的な映像を活用したり、年齢の高い学習者には、問題提起的な内容を示したりする工夫もできる。映像・音声・文字の同時活用ができる。

　上記の面にも関連するが、ICTの活用には、④で示すように間接的・疑似体験の手段という側面もある。実物を見せることが困難な場合でも、映像や音声を届けることはできる。また自然事象や海外での出来事などを疑似体験することも可能となる。また、スポーツなどの面では、イメージトレーニング的に活用することも進められている。

　現在のICTでは、扱うデータをデジタル化している。そのため、⑤で

第4章　情報メディアの活用と授業

示したようにデータの共有化が可能となっている。優れたデジタル教材の共有化や、学習者個々人の学習経緯などが、教師間で共有できる。データの複製も簡単であり、教師の授業実践能力の向上にも大いに貢献できるはずである。また、学習者にとっても共同作業で役割分担などを決めた際には、データの共有化が大きな成果を発揮するであろう。

　これらのICT自体がもたらす長所は、もちろん互いに関連し合って、成果を生み出すはずである。しかし、技術だけでは真の成果は生まれない。やはり教育には、人と人の関係が不可欠である。ICTの特質を十分に理解した教師が、授業をつくっていく必要がある。

2　学習指導の改善

　学校においてICTを活用することは、学習者の情報活用能力の育成に結び付くと理解され、そちらの方面のみが強調される場合が多い。しかし、ICTの活用は、授業の質的向上の手段の一つとしても意識する必要がある。実際の教育現場でも、パソコンなどの情報通信機器やデジタル機器の活用が効果的な学習を生み出している場面も多い。

　パソコンなどを活用した学習指導がめざしている方向は、学習者の興味・関心に配慮し、自ら学び、自ら考える態度を育成し、基礎的基本的な知識と技能の習得にあると言えるだろう。これらは学習者が自ら育む側面と、教師が学習者に育成する側面がある。学習者が自ら育む側面において、ICTは問題解決や発表時の道具としての意義付けが考えられる。特に、学習者自身や集団の問題意識を中心に調査研究を進める総合的な学習の時間においては、パソコンによる検索と情報収集、疑似体験などは欠くことができない。ネットワークの通信機能を利用することにより、教室にいながら、全世界の情報や意見を収集することが可能となる。教室外での調査活動でも、デジタルカメラやICレコーダーの活用な

第2部　教育方法の実践

ども考えられる。集められたデータは調査グループ内で共有でき、加工も容易である。また、問題解決の結果を学級内や学年内で発表する際にも、パソコンは有益である。プレゼンテーション時には、分析結果も視覚的に伝えられる。

　もう一方の教師が学習者に育成する側面では、学習者の発達段階や個性などに応じて多彩な活用が考えられる。従来は、CAIに代表されるような、学習者がコンピュータと対話しながら個別に学習を進めていく学習指導法が一般的であったが、現在では掲示用の教具としてパソコンを活用する場面が増えてきている。これは、誰もが使用できるデジタル教材が普及したこと、比較的容易な操作で活用できることなどと無縁ではない。現在では、学習者に疑似体験を与えることのできるソフトや、文字だけでなく音声と動画による解説が盛り込まれたソフトなどが流通している。また、学習成果を視覚的に把握できるソフトも多くあり、学習者個人の目標達成度や学習の進行具合を常に捉えることも可能となっており、各教科の学習などに活用されている。

　ICTを学校に導入することは、各授業形態の改善も示唆した。学校での一般的な授業形態は、一斉学習・小集団学習・個別学習であり、それぞれに長所・短所がある。状況に応じてそれぞれの授業形態を活用している。そこに、ICTが導入されることにより、各授業形態の長所・短所に影響を与えることが可能となった。

　一斉学習では、全員に早く共通の情報を与えることができる反面、詰め込み学習的な注入主義に陥り、落ちこぼれなどを生む可能性がある。しかし、パソコン教室での授業などの場合、教師は学習者個々人の学習の進行具合や理解度を測ることができる。全員に対する「説明」や「指示」とは別に、個別に学習者の進行に沿った指導や助言として「発問」を与えることも容易である。一斉指導でありながら、個別なコミュニケ

第4章　情報メディアの活用と授業

ーションや学習経過の把握も可能なのである。

　調べ学習や調査、意見交換などが中心となる小集団学習では、ICTの活用が学習者の相互作用をより活発にし、学習効果を高めることが期待できる。ICTを活用して集められたデータは、デジタル化されており、小集団内で容易に共有化できる。共有化されたデータを各個人が分析することにより、異なった見解などが生まれ、それらを元に積極的な集団思考が進められるだろう。また、プレゼンテーション時などのICT活用に対する工夫なども相互協力の中で生まれてくるだろう。

　個別学習では、学習者が学習した成果を確認するために活用する場面と、学習者の問題解決の手段としての活用がある。個別学習では、学習者の能力が一般的にどの程度の位置にあるのかを把握しにくいが、ICTにより、目標となる段階が明示される意義は大きい。従来の個別学習では、共通の学力を育てにくいという側面があるが、その短所を補うことになる。また、学習者が問題解決の手段として、情報収集や他の人々と交流することは、人間関係や社会性をも学ぶことにつながるだろう。

　もちろんICTを過信することは好ましくない。それを使いこなし、長所・短所を明確に意識した教師が活用しなくては意味をなさない。教師にはICTの可能性を視野に入れた教材研究と授業研究が求められる。

3　パソコンの活用と教材開発

　情報化の波は、学校現場にも大きな変化をもたらしている。特にパソコンの活用は、学校運営や事務処理の電算化を生み、学習者の進路の選択や学校内の情報発信などにも及んでいる。現在では、学習指導案の作成や評価表なども、パソコンの活用が前提であると言えるだろう。

　実際の授業においても、変化が感じられる。我が国に学校が創設されて以降、教室の象徴であった黒板とチョークが、パソコンを媒介とした

プロジェクターの映写やデジタル教科書に変化している授業もある。黒板は、書いた内容を一度消してしまうと、元には戻せない。しかし、パソコン画面では何度でも復元が可能である。また、黒板に書かれた図やグラフは動かせない。しかしパソコン画面では、拡大や縮小、グラフの伸縮や着色などが自在である。OHPよりも自由度がさらに高いのである。また、デジタルカメラやビデオを併用すれば、校外で学んだ事物をすぐに提示することも可能である。加えて、多くの学習者が機器に興味を持っていることも見逃すことはできないと言えるだろう。

　このように教具としてパソコンを活用し、学習者に教材を提示することには、多くの利点がある。しかし、パソコンを有益に活用するためには、次のような三点が必要となると言われている。

　①　学習者の発達段階や理解度に対する認識。
　②　情報機器自体を操作できる能力。
　③　適切なデジタル教材の確保と活用術。

　①は、ICTを意識しなくても、教師ならばその重要度を誰もが意識しているだろう。②の情報機器自体を操作できる能力は、近年の研修や教員養成課程の実習などで多くの教師が、デジタル機器の操作には慣れてきている様子である。また、学校現場においても機器の設置自体が進んできている。

　やはり、課題となるのが③の扱うべき適切なデジタル教材の確保と活用術であろう。授業に情報機器とプロジェクターを接続して映写すること、デジタル教科書や電子黒板を活用することなどのメリットは、多くの教師が理解しているが、実際に活用している教師は少ない。その理由の一つは、デジタル教材や機材が教育現場に十分に導入されていない点にあるだろう。その一方、先駆的な試みを展開している教師や学校では、教育の情報化に関して予算が組まれ、教師研修などが充実してい

る。ICTへの物的環境と人的環境が整っており、一人の教師の実践を複数の教師が学び、共有化することにより、実践力の向上が図られている。そのような学校の実践は、デジタル教材や機器をそのまま授業時に活用するだけでなく、学習者の学習環境や実態に適したアレンジとしての教材研究的な味付けが加えられている。そのことによって、学習者の興味を掘り起こすような授業を組み立てている。

現在、デジタル教材に関しては、著作権フリーの素材集などが、一般書籍や雑誌の形態でも多く市販されている。またダウンロードできる教材も少なくない。それらの活用が、デジタル教材の導入の第一歩となるのかも知れない。それらを実際に授業で扱う際には、十分な教材研究とデータアレンジを試み、かつ自身が撮ったデジタルカメラ映像やビデオ映像のクリップなども活用し、学習者の興味を引きつける必要がある。その意味で、教材研究には常に工夫が求められると言えよう。

4 ICT活用の短所と留意点

触れてきたように、学習指導の改善という面において、ICTは多くの長所をもたらしている。しかし反面、短所もあり、授業にICTを積極的に導入することに慎重な意見も少なくない。教師には、短所と言われる部分に対する認識や、留意すべき点などに対する配慮も必要となってくるはずである。

短所として、まず挙げられるのが、日常場面でも言われることだが、パソコンに依存しすぎると、人間や社会との直接的な接触や経験が減少する点である。教育という営みは人と人との相互関係で成立するのが基本であり、機器のみでは教育ができない。他人や社会と接触しなければ、社会性や協調性が身に付かないばかりか、社会の中で生きていくことも不可能である。

また、画面上の疑似体験がもたらす弊害も指摘されている。バーチャルな世界と現実の世界との区別がつかなくなり、リセットすれば何事も元通りに戻るような錯覚を持つ子どももいる。動植物の生と死、環境への配慮などは、実体験でこそ認識されるべきものであると言える。

ICTの過信は、理論的裏付けに乏しく、創造力や人間性の育成に好ましくないという意見もある。パソコンでは、画面上の操作のみで何もかも完結してしまい、学習者自身の継続的な努力や向上しようとする態度を十分に育むことができないという側面もある。また長時間の使用が、学習者の身体的な面に悪い影響を及ぼすという心配も危惧される。

学習指導においては、このような短所も視野に入れておく必要がある。ICTの活用が人間性の育成を阻害してしまったら、本末転倒である。ICTの活用は、教育の目的ではなく、あくまでも手段や道具であることを十分に意識しておく必要がある。ICTは、教育にゆとりや変化をもたらすために、活用するのであって、それに振り回されてはならない。振り回されるくらいならば、導入を見合わせたほうがよいかもしれない。しかし、現状ではICTの活用を避けて通ることは不可能であろう。情報化された社会を生き抜くには、ICTの活用が不可欠であり、それ自体も「生きる力」の一要素とも言える。その意味で、教師自身も上手にICTと向き合い、活用し続けることが求められるだろう。

5　情報モラルの教育

近年、子どもたちの間にインターネットやモバイル端末が急速に普及し、多くのトラブルが起こっている。こうした中で、学校には情報モラル教育の実践が強く求められてきている。しかし、具体的にどのような題材を扱ったらよいのか、どのように取り組めばよいのかなどの課題が山積みにされ、学校現場は暗中模索の状況である。まずは、ネット社会

第4章　情報メディアの活用と授業

で起こっている問題を把握し、過去の実践事例に触れる必要がある。

　一口に情報モラルの教育と言っても、その範囲や内容が不明確である。一般に情報モラルとは、ネットワークを媒介としたコミュニケーション上で必要となるモラルやマナーと言える。それらは、情報化社会を生き抜く上で、身に付けておかなければならないことであり、危険に巻き込まれたり、他人に迷惑をかけたりしないための能力でもある。言い換えれば、情報通信ネットワークを利用して人と関わる際に必要となる知識や態度なのである。

　この知識や態度の教育は、交通安全教育に例えて説明されることが多い。交通安全教育では、自分の身を守るため、他者に迷惑をかけないために、規則などを学ぶ。自然に身に付く部分もあるが、親や学校の教育や指導により、子どもは交通安全の意識を高めていく。情報モラル教育も同様であり、大人の教育や指導が、ネット社会で子どもの安全を守ることに結び付く。教師には、ネット社会においても子どもを守る義務がある。

　実際、現在の学校において、ネットワークや情報化に関連して問題となっている事例は、次のようなものがある。友人の悪口をネットワーク上に流す・交流している学校などのサイトに中傷などを書き込む・校内の情報通信機器の設定を変更する・キャラクターや各種デザインなどを許可なく使用する・不適切なサイトの閲覧などである。なかには、自身の発達だけでなく、人間関係にも悪影響を及ぼす事例も少なくない。ネットワーク上のモラル・マナー違反は、反道徳的な行為と言える。

　モラル・マナーの指導は、道徳の指導に他ならず、具体的に単元を設定して指導を行うと同時に、学校の全教育課程中において進める必要がある。道徳の時間では、日常生活のモラル・マナーと関連付け、総合的な学習の時間では、学習内容に関連付けることも可能であろう。ネット

第2部　教育方法の実践

を安全にかつ他者に迷惑をかけないように活用する意識と技術の育成を図る必要がある。

　またICTの進歩は、情報の発信を簡単にした側面もある。ホームページ上で指定された箇所への書き込みだけでなく、個々人が交流するサイトや日常を綴る個々人のページによる情報発信も比較的容易に進められる。そこで求められてくるのが責任ある情報発信の意識である。例えば、掲示板に書き込んだ文字の情報の信憑性や、自身のサイトに掲載する内容の責任などが挙げられる。文字によるコミュニケーションは、直接相手と話すコミュニケーションと異なり、誤解を生む可能性があることや、サイト上の曖昧な表現などが思わぬ問題を起こすことなどを指導する必要がある。これは近年急激に増えてきた日記風サイトや、友人を紹介しあうサービスなど、いわゆるSNS（ソーシャル・ネットワーキング・サービス）などでも同様である。

　情報モラルを扱う上で非常に大切であり、かつ扱いの難しいのが著作権であろう。著作権とは、著作者が自身の著作物を独占的に利用できる権利であるが、ICTの発展は、しばしば著作権の侵害という問題を引き起こす。パソコンなどの情報通信機器ではコピーが容易であり、悪意がない場合でも、文献・写真・キャラクター・デジタル素材などにおいて著作権侵害をもたらすことがある。著作物は、作った人にとってはかけがえのない存在であること、著作者の立場に立つことの必要性を学習者に意識させたい。これもネット上の大切なマナー・ルールの一つである。

　また、個人情報の保護という観点も忘れてはならない。ネット上に個人情報が漏れることは簡単であるが、それを完全に消すことは現実的には不可能な場合が多い。個人情報に常に配慮し、むやみにネット上に書き込まないことが大切と言える。特に懸賞やアンケートなどの類に書き込んだ情報が、架空請求や迷惑メールのリストに載る場合もある。

第4章　情報メディアの活用と授業

　情報モラルを学習するには、やはり事例から学ぶのが妥当であろう。その際にもデジタル化された教材を駆使し、実際の場面などを学習者に提示することが望ましい。現在では、情報モラル育成のためのデジタル教材も簡単に入手でき、それらを加工することにより自身の授業への応用も可能である。しかし、この情報モラルの教育は、比較的新しい分野であり、情報教育の分野の中でも十分な教材開発や理論も深められていないという面がある。そしてまた、教育現場の教師自身が情報モラルについての確かな知識と能力を備えているとは言い難い段階にあることも確かである。そのため、情報モラル教育に対する要請は大きいにもかかわらず、十分に進められていない現状があると言えよう。

主な参考文献
　西之園晴夫編『情報教育―重要用語300の基礎知識』明治図書　2001年
　福田哲男『小学校　教師と児童のパソコンデビュー』工学図書　2002年
　古藤泰弘・清水康敬他編『［教育の情報化］用語辞典』学文社　2002年
　全国教育研究所連盟編『学校を開くeラーニング』ぎょうせい　2004年
　中川一史『実践的情報教育カイゼン提案』ジャストシステム　2004年
　日本教育方法学会編『現代教育方法事典』図書文化　2004年
　野間俊彦『Ｑ＆Ａで語る情報モラル教育の基礎基本』明治図書　2005年
　野中陽一『教育改善のための「教育の情報化」』高陵社書店　2006年
　大橋有弘『情報教育概論』東京デザイン出版　2006年
　大橋有弘『教師のための情報リテラシー』東京デザイン出版　2006年
　岡本敏雄・伊藤幸宏他編『ＩＣＴ活用教育』海青社　2006年
　堀田龍也『事例で学ぶNetモラル』三省堂　2006年
　原克彦・前田康裕監修『情報モラルの授業』日本標準　2017年
　教職課程研究会編『改訂版　教育の方法と技術』実教出版　2018年
　稲垣忠『教育の方法と技術』北大路書房　2019年
　堀田龍也編著『情報社会を支える教師になるための教育の方法と技術』三省堂　2019年
　樋口直宏編著『教育の方法と技術』ミネルヴァ書房　2019年

第2部　教育方法の実践

第5章　学力と評価

1　学力とは何か

　学力とは何かという問いに対して、一定の概念規定は成立していないと言える。教育という概念自体が、社会や時代の状況の影響を受け、また個々人によってめざす方向などが異なるため、学力という概念も明確に規定されていない。辞典などでは、一般的な定義として「身についた学習の成果」、「学習によって得られた能力」、「学業成績として表される能力」などと示されている。これらは抽象的・形式的な表現であり、学校教育において育成すべき学力を十分に説明しているとは言えないだろう。

　一般的に学校における学力というと、試験の点数や成績の序列をイメージする。確かに、試験の点数なども学力であるが、学校で育成すべき資質は、それだけではないはずである。子どもが将来の社会を生き抜く力としては、主体的に生活を営み、直面する課題を乗り越えることのできる知識や能力、そして態度も大切である。教育の目的は、単に優秀な点数や成績という目に見える学力だけを育成するのではない。目に見えない、あるいは点数として示すことのできない資質も育成することが求められる。学校での学力は、広い意味でとらえる必要があると言える。近年、自ら学び、自ら考える力などを「生きる力」と称し、点数に示せない力も注目を集めている。やはり、学校ではバランスのとれた人間形成をめざすべきである。

　また学力を考える上で大切なのは、教師が個々の学習者の発達・現

実・経験・意欲などを視野に入れた上で指導を進めることである。学習者の学力の付き方は、一律ではなく個々人により様々な過程をたどる。学習者に応じた指導や学力の育成が、個性を伸長することに他ならないだろう。忘れてならないのは、何のため、何をめざし、誰のための学力かということである。決して、試験の点数や成績順のための学力ではなく、未来に生きる資質や能力を含めた広い意味での生活実践力を育成することが大切なのである。

　学力には点数などによって具体的に表すことのできる面と、点数化できない資質や能力の面がある。それらのうち読み・書き・計算に代表される最も基礎的な部分の能力が基礎学力と表現されている。しかし、この基礎学力の範囲となると非常に曖昧となる。範囲を狭く考えた場合には、いわゆる3R's（読み・書き・計算）に限定される。一般的には、各教科を構成する基本部分を含めた範囲と言えるが、場合によっては、教科外の資質や能力をも含める立場もある。また基礎学力は、社会生活を送る上で必要とされる知識と能力という見解もある。これは基礎学力を人間形成や社会性の土台として、人格の一部として把握する立場である。いずれにしろ基礎学力は、学力の一部分であり、最低限の国民的教養や、一般に社会生活を営む上で必要とされる能力や資質ということになるだろう。

　この基礎学力と、学校が育成すべき学力との位置付けについても様々な意見がある。いわゆる基礎学力が周囲を固めて中核に考え方や学び取り方を配置したモデルや、基礎学力の上に問題解決能力や創造的能力を配置したモデルなどが検討されてきている。それらに共通するのは、基礎学力を学習や人格形成の中心や基礎に置くという視点である。近年では、学力の構成要素として、基礎学力を含む知識や技能を「学んだ力」、自ら学ぶ力や学び方を「学ぶ力」、学習に対する意欲を「学ぼうとする

学力の基礎構造のモデル例

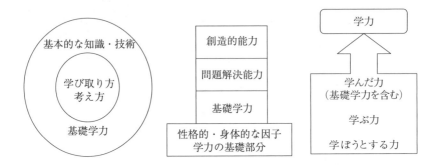

力」として意識する立場もある。これは、知識量や点数だけを学力と考えるのではなく、これから学んでいく力という面を大切にしている。

広い意味での学力は、学校という狭い世界で行われる学習によってのみ習得されるものでない。日常生活や社会活動によって得られる知識や能力も学校で得られた学力を支えていると言える。その意味で、学習者に多種多様な経験を積ませ、全人的な成長を促すことが学力の向上に結び付くと考えられる。

2 学力観の流れ

学力の概念やあり方を考察する上で、我が国の学力観の流れを学ぶことは大切であろう。なぜなら学力も各時代の影響を受けながら、教育を方向付ける要因の一つとなってきたからである。現在の教育の方向を考える際にも、その目標や内容が学力観を体現していると言える。

学力を学習によって獲得した知識や能力と見る傾向は、我が国の学力観の歴史的な経緯によっても確立している。近代学校が創設される以前の江戸時代においても、学力（当時は「がくりき」と呼ばれた）は、学

問の世界で働く力とされていた。そのため、日常生活や仕事上の資質や能力とは区別をされていた様子である。明治期には、学校での成績は人物の評価と学業の評価が示されていたが、学業のほうのみを学力の範囲と考えていたようである。つまり、当時の系統的な学習では、教えられた知識や技能が重要であり、試験の点数や成績の序列が学力にほかならなかったと言える。

　大正期になると、主に生活綴方の実践者達から、明治期までの学力観に疑問が投げかけられるようになる。日常生活で役立たない学校での詰め込み型知識は試験が終われば忘れ去られてしまう現実や、学習者自身の環境や発達と関係なく組まれる教材の体系などが問題として提起された。この背後には、子どもたちが、現実社会を生きていく力としては、リアルな生活認識や生活者としての意識の育成が必要という考え方がある。そこでは、時間的経過に伴って、剥げ落ちるような学力ではなく、生きるための学力をめざしていた。しかし、このような主張や運動も、昭和期の戦時体制の波にのみ込まれていくことになる。

　学力という概念をめぐり、本格的に検討がなされるようになったのは、第二次世界大戦後のいわゆる新教育の時代からであろう。戦後教育を方向付けた1947（昭和22）年版と1951（昭和26）年版の学習指導要領では、学習者が自身や社会の問題に取り組み、それらを解決することによって、民主社会の中で生活を営む力を育成しようとした。この問題解決の過程で、実践的な態度や能力を育むとともに、知識も獲得させようとした。そのような中で、学習者自身の興味や社会の問題をコアとして、従来の教科目を周辺に置く、コア・カリキュラムなどの実践が生まれてきた。ここでは、課題解決の力や民主社会を営む力が、学校教育で養うべき学力であるとされた。

　しかし、新教育の時代の学力観は、従来の点数や序列で表される見え

る部分の学力を重視しておらず、読み・書き・計算の基礎的学習が十分に施されていなかった。そのため、昭和20年代中頃より、学力低下が問題視されるようになる。漢字能力や計算能力の低下、歴史上の人物を学ばないなどの問題が次々と指摘された。そして、学力という概念についても、何をもって学力というのか、教育の目標と学力の関係はどうあるべきなのかなどの課題が議論されるようになった。

　学力低下の声を受けて、1955（昭和30）年版（一部教科目の改訂）と1958（昭和33）年版の学習指導要領では、読み・書き・計算と系統的知識の重視という方向が示される。基本的な内容を選び、指導の要点を明確にすることによって、基礎学力を効率的に育成しようとした。教育実践の面でも、水道方式や仮説実験授業などが生まれ、知識を軽視した戦後新教育が見直されることになる。同様に学力の意味も、基礎学力を根底とする知識や能力という方向が強く意識されるようになった。

　経済発展や科学技術の進歩がめざましい昭和40年代には、教育内容の現代化が図られ、教科構造、概念や原理の習得などが重視された。しかし、教育内容の肥大化と高度化により、受験戦争や落ちこぼれという問題が表面化すると、昭和50年代には、学校教育にゆとりを持たせることがめざされた。科学志向の注入主義的な知識教育から、豊かな人間性を育む教育への転換である。

　この転換の流れは、平成期に入り急速に進展することになる。1989（平成元）年版の学習指導要領では、国際化・情報化の波に対応して、自ら学ぶ意欲と社会の変化に主体的に対応できる能力の育成や、個性尊重の教育がめざされた。系統的・科学的な知識重視の学力観から「新しい学力観」への移行である。「新しい学力観」では、評価の観点として、「関心・意欲・態度」が評価の先頭項目に位置している。それまでの学力観では、知識が先行し、そこから思考・判断が生まれ、最後に関心や

意欲が芽生えるという構造を意図していた。この順列の変化が、「新しい学力観」の特質を示している。

続く1998（平成10）年版と2008（平成20）年版の学習指導要領では、自ら学び、自ら考える力の育成をめざし、授業時数や内容の見直し、総合的な学習の時間の導入と充実が図られた。学力としても「生きる力」という概念に代表されるように、系統的な知識や基礎学力だけではなく、問題を解決する能力や資質、協調する心や豊かな人間性、そしてたくましく生きていく健康や体力などを重要視した。しかし一方では、学力低下が問題視され、系統的知識や読み・書き・計算の重要性が再度注目を集めた。

現在では、学力自体をどう捉えるかという視点よりも、学力を構成する要素の把握という意識が強くなっている。その要素とは「知識・技能」、「思考力・判断力・表現力等」、「主体的に学習に取り組む態度」である。この三つの要素から構成されるのが、今後の予測不能な社会を生き抜く力としての学力であり、学校教育法第30条にも示され、共通理解が得られていると言える。この三つの要素は、これから子どもに育成を目指す三つの資質・能力としての「生きて働く知識・技能の習得」、「未知の状況にも対応できる思考力・判断力・表現力等の育成」、「学びを人生や社会に生かそうとする学びに向かう力・人間性等の涵養」に対応している。

このように学力観の流れの背景には、系統的な知識や技術を大切にする教育観と、直面する問題などを乗り越えようとする能力を大切にする教育観の対峙がある。教育方法的な面から言えば、系統学習と問題解決学習の学力観の相違である。近年の教育は、後者の学力を大切にしようとする改革が進められてきた。しかし、問題解決の力は、解決のための知識が欠けていては育成できない。やはり系統的な知識や技術の大切さ

も見えてくる。もちろん知識だけの教育では、「生きる力」に代表されるような学力は育めない。必要なのは、バランスのよい指導であり、そこから望ましい学力が育成できるということになるであろう。

3　評価とは何か

　辞典などで評価の項目を参照すると、そこには「善悪・優劣などの価値を判じ定めること」、「特定の対象を一定の基準に照らして判定すること」などと説明されている。そのため、評価と言えば、試験の点数や通信簿の記述を連想する人が多い。しかし、教育の場で行われる評価は、学習者の成績だけを意味するのでない。教育目標や教育内容、そして教育方法などについて、反省と改善を示唆する意味も含んでいる。学習指導要領でも評価の意義として、「児童のよい点や進歩の状況などを積極的に評価し、学習したことの意義や価値を実感できるようにする」点と、「学習の過程や成果を評価し、指導の改善や学習意欲の向上を図」る点を示している。

　つまり評価には、学習者の能力や資質を測定して数量化する側面と、教師の指導を改善するための側面が存在する。評価は、教育活動を点検し、成果の度合いを測り、課題を確認し、教育活動をより改善する営みなのである。教育という営みには、必ず目標があり、その目標を達成するために、計画を練り、計画に基づき実践を展開し、実践の成果を図るという流れ、つまり「計画――実施――評価」の繰り返しがある。この流れからも理解できように、目標を有する教育活動と評価は、切っても切れない関係にある。

　このような意味と関係を持つ評価は次の四つの機能を持つ。

　　①　管理的機能……教師が学習者の学習の成果を判断し、一定の基準に基づいた評定を行う。具体的には、単位の合否や指導要録・

通信簿などの記載のため。
② 指導的機能……教師が自身の指導計画や指導方法を反省・改善する。学習者の目標への到達度などからも、指導力の向上の要因を探究し、指導をよりよいものに改善していく。教師へのフィードバック的な機能である。
③ 学習的機能……学習者が学習状況を把握し、次の学習目標の確認や学習者自身の課題を明確にする。学習者自身の学習への取り組み意欲や目標の確認に結び付く。学習者自身へのフィードバック的な機能である。
④ 研究的機能……教育内容の改善や教材開発などの教育の発展や向上のための研究題材となる。カリキュラム開発や教授組織形態の分析などと同時に、教育環境の向上の研究なども含まれる。

　このように評価の機能は、極めて多岐に及び、様々な意味が込められている。評価が担う役割として、忘れることのできないのが、フィードバック的なあり方であろう。それは、学習者に対しても、教師に対しても常に行われる必要がある。学習者は、自身の学習の度合いを知り、反省と課題確認の上に、次の学習への意欲や目標を定めることができる。教師は、自身の指導の反省と課題を意識し、次の指導に役立てることができるはずである。

　教師は、評価の教師自身に対するフィードバック的な側面を十分に肝に銘ずる必要がある。同じ学齢の学習者に、同じ教材で、同じ時間数で教育を行っても、学習者の間には学力差が生ずる。また担当する教師によっても学習者の学力の付き方が異なる。現在の教育制度において、学習者は、教育内容や教師を選べない。教師には、これらの事実を自覚して、学習者の発達と学力の保障を常に意識し、指導の反省と改善を心がけることが求められる。教師にとっての評価の本質的な意義は、そこに

あると言っても過言ではないだろう。

4 評価の方法

　学校の授業などにおいては、学習者の学習活動の成果を試験・質問紙・面接・作文・製作物などによって測定する。その上で、あらかじめ設定されている点数や記号をあてはめる評定を行い、点数や通信簿などの形態で学習者に成果としての評価を通知する。この評価を展開する際には、判断する基準が求められる。その判断する基準の違いによって、絶対評価・相対評価・個人内評価に分類することができる。それぞれの評価には長所・短所があり、それらを認識した上で、教育の内容や場面によって評価を使い分けたり、組み合わせたりすることが必要となってくる。

(1) 絶対評価

　絶対評価とは、学習の目標を基準として、それに対してどの程度達成したかを評価する方法である。この方法で、ポイントとなるのは、目標となる基準の定め方と、学習者の目標への達成度の位置の判定である。目標の科学性と客観的な評価基準が必須の条件となる。

　絶対評価の長所は、学習者個々人の真の学力レベルを知ることができ、指導の成果が確認できる点である。学習者の努力や進歩がそのまま成績に反映されるため、学習者にとっては動機付けや目標を明確にすることができる。また教師にとっても、その後の指導の方向の示唆などが得やすいという点がある。しかし一方、集団内での成績順が不明であること、達成基準の設定が難しく、教師の主観に流されやすい点などが短所としてあげられる。絶対評価では、学習目標に対する達成度の情報は得られるが、クラスや学年内での他人との相対的な成績の位置関係が明

確にならない。そのため、集団内で成績順を示すような場合にはあまり用いられない。また、学習の達成度で成績を付けるという性格上、五段階や三段階の各成績段階に基準を設ける作業が必要となる。これが明確に設定されてない場合などには、教師の主観に左右され、評価としての客観性が薄れ、信頼性が危うくなる。

(2) 相対評価

相対評価とは、学年や学級などの集団内における相対的な位置を基準として評価する方法である。学習者各個人の試験などの得点が、基準値である平均値から上位なのか、下位なのかを示すだけでなく、どの程度離れているかを示すことが可能である。この評価は集団内の比較であり、成績の位置などが明確にとらえることができる。

相対評価の長所は、集団内での成績が把握でき、評価の中立性や客観性を保つことができるという点にある。学習者にとっては、学年や学級内での順位が教科ごとに把握でき、以後の学習の動機付けとなる。教師にとっては、扱いやすく、教師の主観が入らない評価法と言える。示された成績からは学習者集団ごとの能力差、教師の指導力の違いや努力、地域格差などの要因は現れず、また評価のための試験の難易度や客観性などにもほとんど影響されないのである。これらのことが、そのまま短所ともなる。学習者が努力を重ね、客観的な学習目標を達成したとしても、学級内の平均点などが上がっていれば、依然として低い評価を受けることになる。また、学級全員が学習目標を達成し、試験で満点を取ったとしても、評価としては差を付けることになる。学習者はより高い評価を求めて、競争を進め、点取り主義に陥ることがある。教師の側からしても、相対評価では指導の成果や工夫が見えないという問題点がある。評価を、以後の教育実践にフィードバックすることが難しく、教師

自身の意欲を潰すような要素も含まれていると言える。

(3) 個人内評価

　個人内評価とは、学習者一人一人の個性や可能性に着目して、個人の他の成績を評価基準とするものである。これは一種の絶対評価でもある。具体的には、学習者本人の過去の成績と比較をして、現在の進歩の状況を評価したり、複数の教科目などの成績を比べ合い、長所と短所を明確にしたりする試みを行う。学業面の評価だけでなく、行動や性格の面までも対象とするため、学習者の総合的な成長を把握し、支援するための評価とも言われている。

　個人内評価では、学習者の努力や成績の伸びなどを認めることができ、学習意欲をより喚起することが可能となる。学習者にとっても、長所と短所が明確になるので、学習の方針や目標を意識することが容易となる。しかし、評価基準は十分な客観性に乏しく、学習者の努力や意欲を認めようとするあまり、甘い評価になる危険性を持つ。また、示された評価は、あくまでも個人内の変化や長所・短所の評価であるため、集団との比較や成績順などはいっさい不明である。ゆえに、個人内評価は、個人の特性や成長を解釈する枠組みのような評価と理解することが妥当であろう。いずれにせよ、学習者の学習の状況を把握し、指導の改善に結び付けるためには、他の評価方法と関連づけて行う必要があると言える。

5　授業の評価

　評価の意義としては、授業者である教師に対するフィードバック効果も重要である。教師には、評価を通して、学習者の学習状況や達成度を把握し、自らの授業の反省と改善に役立てることが求められる。学習者

への評価は、教師自身への評価、または授業への評価なのである。教師は授業を向上させるためには絶えず自身の授業を振り返る必要がある。その手段の一つとして、授業を指導過程の時間の系列に従って、適時行う評価がある。それらが、授業開始時の診断的評価・授業進行時の形成的評価・授業や単元などの終了時の総括的評価であり、もちろんこれらは相互に関係づける必要がある。

Ⅰ　診断的評価

　診断的評価とは、新しい単元などに入る前に、単元の目標や内容に対して、学習前の学習者の実態を把握するための評価である。この評価の目的は、単元に対する学習者の予備知識や興味・特性などを事前収集し、それらを視野に入れ、授業展開の方法や進行速度などを検討した上で、以後の指導に生かそうとするところにある。

Ⅱ　形成的評価

　形成的評価は、単元学習の指導の途上で軌道を修正したり、確認したりするために行われる。学習者の達成度を見ることによって、指導の確認や改善が可能となる。具体的な方法としては、いわゆる小テストなどにより、学習者一人一人の達成度を把握する場合などが多い。

Ⅲ　総括的評価

　総括的評価とは、単元などのまとまりの学習活動を終えた段階で、それまでの学習成果を測り、総括するものである。学習者にとっては、学習の成績であり、学習を振り返る資料となり、教師にとっては、教育課程や指導法の反省と改善のための資料となる。学期末などの定期試験や単元終了後の試験などの形態をとる場合が多い。

　ここに示した評価は、授業の指導過程の系列や目的から見た形態に過

第2部　教育方法の実践

ぎない。形態や評価の方法にとらわれ、評価することが目的となってしまっては本末転倒である。これらの評価の目的は、授業を反省・改善し、教師自身の指導力を向上させることである。その意味で、あらゆる評価を相互に関連付け、授業力の向上の手段として認識する必要があると言えるだろう。

6　指導と評価の一体化

　学校の教育活動では、「計画──実施──評価」という一連の活動が繰り返されながら、学習者のよりよい成長をめざした指導が展開される。その際、指導と評価は別物ではなく、評価の結果によって後の指導を改善し、さらにその指導の成果を再度評価し、再度指導に生かすという繰り返しを行っている。つまり、指導と評価は表裏一体となっているのであり、これが、指導と評価の一体化と呼ばれる関係である。現在では、この関係の大切さが強調され、指導の改善に生かす評価活動の役割が、注目を集めている。

　指導と評価の一体化ということが強調される背景には、評価が学習者の成績評価の伝達や、高い評価を得ることだけに力点がおかれ、指導の改善に機能していないという状況があった。評価が、学習者のいわゆる数値化できる学力や知識の測定に傾斜しているとの反省のもとで、指導と評価の本来の関係を、自覚的に意識しなければならない。

　指導と評価の一体化を図るためには、単元や学習が終了した時点で行う総括的評価ではなく、学習の開始時の診断的評価や学習の進行中の形成的評価が大切になる。また、学習者各個人の達成度を知るためにも個人内評価も欠くことができない。それらの評価を、相互に関連付ければ、学習者一人一人の学習活動をきめ細かく把握することができ、指導の反省と改善に役立てることが可能となる。つまり、評価が授業にフィ

ードバックされるのであり、ここに指導と評価の一体化の意義がある。

　ここで留意しなければならないのは、学習の進行中に行われる形成的評価の取り扱いである。指導と評価の一体化を意識した場合、形成的評価は、授業改善のための行為であり、学習者への成績評価ではないということである。学習者にとって形成的評価は、目標を達成するための途中経過という意味はあっても、最終的な評定とは異なる。形成的評価の積み重ねが、単元や学習終了時の総括的評価には結び付かないはずである。形成的評価で示された情報は、学習者の学習に対する最終的な評定ではなく、あくまでも授業改善や修正のためのフィードバック的情報であるということを意識しておかねばならない。

　また同時に学習者から見れば、指導と評価の一体化は、学習と評価の一体化にほかならない。授業の改善や修正が、学習者の学習の改善に結び付かなくては意味がない。このような視点からも、指導と評価の一体化を検証することが望まれると言えよう。

　近年の動きとして、総合的な学習の時間のように数値的な評価を行わない学習の登場と、指導と評価の一体化の強調という流れに伴い、評価の方法にも新たな動きが起こってきた。具体的には学習者が、学習活動を自分で評価する形態や、学習者同士が学習活動を相互に評価し合う形態などが増えてきた。なかでも自己評価を促す方法として、ポートフォリオ評価と呼ばれるものが注目を集めてきている。

　ポートフォリオとは、もともと「紙ばさみ」（ファイル）を指す言葉であり、画家や建築家が自分の作品を綴じ込んで、顧客との契約の際に自分をアピールするために用いられていたものである。教育の場では、学習者が自分の努力や成長の軌跡、または達成したものなどを、系統的・継続的に収集したものをポートフォリオと呼ぶ。そこに収集されるものは、学習の成果としての作品や学習の過程を示したもの、学習者の

自己評価、教師の指導と評価の記録などである。これらに基づいて、学習者や教師が、学習者の成長を評価するのがポートフォリオ評価である。

この評価では、学習者自身が学習の評価に参加することが可能であり、自身の学習を振り返り、次の見通しを立てられる。しかし現段階では、どのようにポートフォリオを活用するのが最も効果的なのか、明確な方向付けはなされていないと言える。指導と評価の一体化という側面から、学習者の学びを保障する手段としての活用が求められるだろう。

主な参考文献
　細谷俊夫他編『教育学大事典』第一法規　1978年
　細谷俊夫他編『新教育学大事典』第一法規　1990年
　森敏明・秋田喜代美編『教育評価―重要用語300の基礎知識』明治図書　2000年
　加藤幸次・高浦勝義『学力低下論批判』黎明書房　2001年
　安藤輝次『ポートフォリオで総合的な学習を創る』図書文化　2001年
　日本教育方法学会編『学力観の再検討と授業改革』明治図書　2001年
　安彦忠彦・新井郁男他編『新版　現代学校教育大事典』ぎょうせい　2002年
　多田俊文編『教育の方法と技術　改訂版』学芸図書　2003年
　柴田義松『「読書算」はなぜ基礎学力か』明治図書　2003年
　梶田叡一・加藤明監修『実践教育評価事典』文溪堂　2004年
　日本教育方法学会編『現代教育方法事典』図書文化　2004年
　西之園晴夫・宮寺晃夫編『教育の方法と技術』ミネルヴァ書房　2004年
　矢田貝公昭・林邦雄・成田國英編『教育方法論』一藝社　2004年
　人間教育研究協議会編『〈確かな学力〉を育てる』金子書房　2004年
　田中耕治編『よくわかる教育評価』ミネルヴァ書房　2005年
　山内乾史・原清治『学力論争とはなんだったのか』ミネルヴァ書房　2005年
　田中俊也『教育の方法と技術』ナカニシヤ出版　2017年
　教職課程研究会編『改訂版　教育の方法と技術』実教出版　2018年
　平沢茂編著『三訂版　教育方法と技術』図書文化　2018年
　西岡加名恵編著『見方・考え方を育てるパフォーマンス評価』明治図書　2018年
　稲垣忠『教育の方法と技術』北大路書房　2019年
　田中耕治他『改訂版　新しい時代の教育方法』有斐閣　2019年
　髙木展郎『評価が変わる、授業を変える』三省堂　2019年

資料
教育実践・基本文献年表（世界編）

年	一般事項・社会の動き	教育実践・基本文献
B.C. 469		ソクラテス（～399）
A.D. 375	民族大移動	
1299	マルコポーロ『東方見聞録』	
1517	ルター、95ヵ条の意見書、宗教改革	
1632		コメニウス『大教授学』
1658		コメニウス『世界図絵』
1688	イギリス名誉革命	
1693		ロック『教育論』
1762	ルソー『社会契約論』	ルソー『エミール』
1789	フランス革命開始	
1801		ペスタロッチ『ゲルトルートはいかにその子を教えるか』
1806	ナポレオン1世、大陸封鎖令	ヘルバルト『一般教育学』
1826		フレーベル『人の教育』
1837		フレーベル、幼稚園開設
1859	ダーウィン『種の起源』	
1861	リンカーン、米大統領に就任 南北戦争（～1865）	スペンサー『教育論』
1862		トルストイ『ヤスナヤ・ポリヤーナの学校』
1869		ウシンスキー『教育の対象としての人間―教育的人間学試論』
1879	エジソン、電灯発明	
1890		ライン『教育学概説』
1896		デューイ、実験学校開設
1899		デューイ『学校と社会』
1900		エレン・ケイ『児童の世紀』
1903	ライト兄弟、飛行機を発明	
1907		モンテッソリ『子どもの家』 ドクロリー、実験学校を開設
1909		モンテッソリ『モンテッソリ法』

年	一般事項・社会の動き	教育実践・基本文献
1912		ケルシェンスタイナー『労作学校の概念』
1914	第1次世界大戦勃発	
1915		クルプスカヤ『国民教育と民主主義』
1916		デューイ『民主主義と教育』
1918		キルパトリック『プロジェクト法』
1919	ワイマール憲法	ブロンスキー『労働学校』
	ベルサイユ条約調印	ウォシュバーン、ウィネトカ・プラン実践
		シュタイナー、自由ヴァンドルフ学校開設
1920		パーカスト、ドルトン・プラン実践
1922		パーカスト『ドルトンプランの教育』
1923		デュルケム『道徳教育論』
1929	世界恐慌	陶行知『生活即教育』
1934		ヴィゴツキー『思考と言語』
1935		マカレンコ『教育詩』
1939	第2次世界大戦勃発	
1959		オーコン『教授過程』
1960		ブルーナー『教育の過程』
		ザンコフ『授業の分析』
1967		プラウデン報告『子どもと初等学校』
1969	アポロ11号、月面着陸	コールバーグ『道徳性の形成』
		スホムリンスキー『まごころを子どもたちに捧げる』
1970		シルバーマン『教室の危機』
		イリッチ『脱学校の社会』
1974		フレネ『仕事の教育』
1983	『危機に立つ国家』(アメリカ)	
1989	国際連合、「子どもの権利条約」	
1994		ジョン・ミラー『ホリスティック教育―いのちのつながりを求めて』
2001	同時多発テロ	
2004	スマトラ沖地震発生	

教育実践・基本文献年表（日本編）

年		一般事項・社会の動き	教育実践・基本文献
1603	慶長8	徳川家康、江戸幕府を開く	
1710	宝永7		貝原益軒『和俗童子訓』
1872	明治5	「学制」発布 太陽暦の採用	福沢諭吉『学問のすゝめ』
1909	明治42	伊藤博文暗殺	沢柳政太郎『実際的教育学』
1912	大正1		及川平治『分団式動的教育法』
1913	大正2	大正政変	芦田恵之助『綴方教室』
1923	大正12	関東大震災	木下竹次『学習原論』
1925	大正14	治安維持法	
1926	昭和1		野村芳兵衛『新教育における学級経営』
1939	昭和14	国民徴用令	海後勝雄『教育技術論』
1942	昭和17	ミッドウェー海戦	篠原助市『教授原論』
1945	昭和20	第2次世界大戦終戦	留岡清男『生活教育論』
1946	昭和21	第1次米国教育使節団報告書 日本国憲法公布	
1947	昭和22	学習指導要領一般編（試案） 教育基本法・学校教育法公布	「明石プラン」、「川口プラン」発表 梅根悟『新教育への道』
1948	昭和23	新制高等学校発足 教育委員会法公布	「コア・カリキュラム連盟」結成
1949	昭和24	社会教育法公布	石山脩平『コア・カリキュラムの精神』 梅根悟『コア・カリキュラム』
1950	昭和25	朝鮮戦争 第2次米国教育使節団来日	「日本綴方の会」結成 石橋勝治『学級経営の方法』 矢川徳光『新教育への批判』
1951	昭和26	学習指導要領一般編改訂 対日講和条約調印 日米安全保障条約調印	「数学教育協議会」結成 無着成恭『山びこ学校』
1952	昭和27		国分一太郎『新しい綴方教室』
1953	昭和28	池田―ロバートソン会談	遠山啓『新しい数学教室』
1954	昭和29	教育二法公布	相川日出雄『新しい地歴教育』 宮坂哲文『生活指導』
1955	昭和30	小学校社会科学習指導要領改訂	小西健二郎『学級革命』

	年	一般事項・社会の動き	教育実践・基本文献
			土田茂範『村の一年生』
			広岡亮蔵『学習形態』
1956	昭和31	経済白書「もはや戦後ではない」	田中実『新しい理科教室』
		文部省が全国学力調査を実施	佐々木健太郎『体育の子』
		新教育委員会法公布	戸田唯巳『学級というなかま』
1957	昭和32		東井義雄『村を育てる学力』
1958	昭和33	小・中学校学習指導要領改訂	斎藤喜博『未来につながる学力』
1959	昭和34		砂沢喜代治『学習過程の実践的研究』
1960	昭和35	新日米安全保障条約調印	斎藤喜博『授業入門』
		経済審議会「国民所得倍増計画」	遠山啓・銀林浩『水道方式による計算体系』
1961	昭和36	中学校で全国一斉学力テスト実施	
1962	昭和37		宮坂哲文『生活指導の基礎理論』
1963	昭和38	経済審議会「経済発展における人的能力開発の課題と対策」答申	大西忠治『核のいる学級』
			全国生活指導研究協議会常任委員会『学級集団づくり入門』
			「仮説実験授業研究会」による「仮説実験授業」の提唱
1964	昭和39	東海道新幹線開通	「日本教育方法学会」設立
		東京オリンピック	勝田守一『能力と発達と学習』
			大西忠治『班のある学級』
			奥田靖雄・国分一太郎『国語教育の理論』
1965	昭和40	中教審「期待される人間像」発表	板倉聖宣・上廻昭『仮説実験授業入門』
			庄司和晃『仮説実験授業』
			糸賀一雄『この子らを世の光に』
			西郷竹彦『文学教育入門』
1966	昭和41		大村はま『やさしい国語教室』
			板倉聖宣『未来の科学教育』
			吉本均『授業と集団の理論』
1967	昭和42	全国一斉テスト中止	柴田義松『現代の教授学』
1968	昭和43	小学校学習指導要領改訂	真船和夫『現代理科教育論』
		学園紛争	
1969	昭和44	中学校学習指導要領改訂	竹内常一『生活指導の理論』
			須長茂夫『どぶ川学級』
1970	昭和45	OECD教育調査団来日	社会科の初志をつらぬく会『問題解決学習の展開』
		教科書裁判(杉本判決)	

年		一般事項・社会の動き	教育実践・基本文献
1971	昭和46	沖縄返還協定調印	
1972	昭和47	沖縄返還	青木嗣夫『僕、学校へ行くんやで』
1973	昭和48	オイルショック	野瀬寛顕『学び方の教育』
			林竹二『授業　人間について』
1974	昭和49		吉本均『訓育的教授の理論』
1975	昭和50	「主任制」公示	白井春男『人間とは何か―ものをつくる授業』
1976	昭和51	ロッキード事件	岸本裕史『どの子ものびる』
			庄司和晃『仮説実験授業と認識の理論』
			遠山啓『競争原理を超えて』
1977	昭和52	小・中学校学習指導要領改訂	桐山京子『学校はぼくの生きがい』
			安井俊夫『子どもと学ぶ歴史の授業』
1978	昭和53	日中平和友好条約調印	鈴木正気『川口港から外港へ』
			玉田泰太郎『理科授業の創造』
			若林繁太『教育は死なず』
1979	昭和54	国公立大学共通1次試験開始	遠藤豊『学校が生きかえるとき―点数のない教育』
		第2次オイルショック	仲本正夫『学力への挑戦』
1980	昭和55		田中昌人『人間発達の科学』
1981	昭和56		岸本裕史『見える学力、見えない学力』
1982	昭和57		安井俊夫『子どもが動く社会科』
1983	昭和58	放送大学開学	
		戸塚ヨットスクール事件	
1984	昭和59	臨時教育審議会発足	大津悦夫『わかる授業づくりと到達度評価』
			北星学園余市高等学校『授業でつっぱる』
1985	昭和60	男女雇用機会均等法	山本典人『小学生の歴史教室』
			向山洋一『授業の腕をあげる法則』
1986	昭和61	国鉄、分割民営化	鳥山敏子『いのちに触れる』
1987	昭和62	臨時教育審議会最終答申提出	有田和正『教材発掘の基礎技術』
			大津和子『社会科＝一本のバナナから』
1988	昭和63	初任者研修制度導入	板倉聖宣『たのしい授業の思想』
			藤岡信勝『授業づくりの発想』
1989	平成1	小・中学校学習指導要領改訂	
		国連「子どもの権利条約」採択	
1990	平成2	大学入試センター試験実施	大西忠治『入門・科学的「読み」の授業』
		イラク軍、クウェート侵攻	
1991	平成3	湾岸戦争	加藤公明『わくわく論争！考える日本史授業』

年		一般事項・社会の動き	教育実践・基本文献
		バブル経済の崩壊	全生研常任委員会編『新版学級集団づくり入門 小・中学校編』
1992	平成4	学校週五日制を月一回導入 PKO協力法	柴田義松『学び方を育てる先生』
1993	平成5	文部省、業者テスト排除の通知	和光小学校『子どもと創る学びの世界』
1994	平成6	学校週五日制を月二回導入 「児童の権利に関する条約」公布・発効	今泉博『どの子も発言したくなる授業』
1995	平成7	阪神淡路大震災 地下鉄サリン事件 文部省と日教組が協調路線に転回	
1996	平成8	中教審が答申で「生きる力」を提言	「新しい歴史教科書をつくる会」結成 金森俊朗・村井淳志『性の授業　死の授業』 田中耕治『学力評価論入門』
1997	平成9	文部省「教育改革プログラム」 家永教科書裁判終結	
1998	平成10	小・中学校学習指導要領改訂	滝沢孝一『荒れたクラスからの脱出』 柴田義松『学び方の基礎・基本と総合的学習』
1999	平成11	国旗及び国歌に関する法律公布	行田稔彦『和光鶴川小学校の計画と実践』 岡部恒治『分数ができない大学生』
2000	平成12	教育改革国民会議最終報告 少年法の一部改正、公布	
2001	平成13	文部科学省発足「21世紀教育新生プラン」策定 指導要録の改善（目標準拠評価へ転換）	柴田義松『21世紀を拓く教授学』 渡辺淳『教育における演劇的知』
2002	平成14	学校完全週五日制導入 「総合的な学習の時間」実施 文部科学省が「心のノート」作成	久田敏彦『新しい授業づくりの物語を織る』 陰山英男『本当の学力をつける本』
2003	平成15	学習指導要領一部改正 高等学校に新教科「情報」新設 イラク戦争勃発	柴田義松『「読書算」はなぜ基礎学力か』
2004	平成16	新潟中越地震	

※　年表の作成にあたっては、次の文献を参照した。
　伊ヶ崎暁生・松島栄一編『日本教育史年表』三省堂　1990
　柴田義松編『教育の方法と技術』学文社　2001
　安彦忠彦他編『新版　現代学校教育大事典』ぎょうせい　2002
　日本教育方法学会編『現代教育方法事典』図書文化　2004
　柴田義松他編『教職基本用語辞典』学文社　2004
　田中耕治編『時代を拓いた教師たち』日本標準　2005

著者紹介

小川　哲生　おがわ・てつお
　　前明星大学学長・明星大学名誉教授
　（序章）

菱山　覚一郎　ひしやま・かくいちろう
　　明星大学教育学部教授
　（第1部・第2部）

第2版
教育方法の理論と実践
2019年12月20日　第1版第1刷
2020年12月1日　第1版第2刷

　　　　著　者　小　川　哲　生
　　　　　　　　菱　山　覚　一　郎
　　　　発行者　落　合　一　泰
　　　　発行所　明　星　大　学　出　版　部
　　　　　　　　〒191-8506
　　　　　　　　東京都日野市程久保2-1-1
　　　　　　　　　　　明　星　大　学　内
　　　　　　　　電　話　042-591-9979

ISBN 978-4-89549-223-02　　　　　Ⓒ T. OGAWA, K. HISHIYAMA 2019
印刷・製本　信濃印刷株式会社